다시 시작하는 사람들을 위한
심리학 수업

# 다시 시작<sub>하는</sub>

사람들을 위한

# 심리학 수업

앤디 앤드루스 **지음**
김은경 **옮김**

홍익출판 미디어그룹

게임의 룰을 바꾸는 사람
틀에 박힌 생각을 걷어차고
마음속의 날개를 힘껏 펼쳐라
그냥 '훌륭한 것'으로는 아직 부족하다
'해낼 수 있을까?'와 '해낼 것인가?'의 차이

Part 1

당신이 죽을 때까지
시도조차 하지 않는 일

# 01

# 게임의 룰을
## 바꾸는 사람

내가 어릴 적에 부모님은 여름 내내 나를 수영장에 데려다주셨다. 친구들의 부모님들도 대부분 그러셨던 걸로 기억한다. 그래서 우리는 여름만 되면 매일같이 땡볕 아래서 물놀이를 했다. 우리는 '수영장'에 있는 게 전혀 지겹지 않았고, 오히려 온종일 수영장 '물속'에 있었으면서도 서로에게 이렇게 묻곤 했다.

"어제 어디 있었어?"

"수영장에!"

그 당시 수영장은 상당량의 염소로 소독되었기 때문에 금발인 아이의 머리칼이 7월 중순까지 황록색을 띠지 않으면, 그 아이는 여름 동안 수영장에서 자주 놀지 않았다는 뜻이었다.

우리는 수영장에서 술래잡기, 기마 놀이, 수중 축구, 소용돌이 만들기, 그리고 블루 로버blue rover 같은 걸 하고 놀았다. 블루 로버란 두 팀이 마주보고 선 상태에서 팀의 대표 한 사람이 단단히 손잡고 서 있는 상대팀을 향해 돌진해서 대열을 무너뜨리는 놀이다. 이때 적진을 돌파하지 못하면 그 아이는 즉시 상대팀의 일원이 되어야 한다.

그러다 7월 중순 즈음이 되면 이제껏 해온 놀이에 슬슬 싫증을 느낀 아이들이 새로운 게임을 고안해내곤 했다. 그래서 어느 해인가 '돌핀Dolphin 게임'이란 게 생겼다.

그 시절엔 모험을 즐기는 돌고래가 주인공인 텔레비전 프로그램 〈플리퍼Flipper〉가 최고 인기여서 내 또래 아이들은 누구 하나 예외 없이 이 프로그램에 빠져 있었다.

우리들은 돌고래 플리퍼가 물 밖으로 몸을 곧추세우고는 힘차게 꼬리를 움직여 솟아오르는 모습에 감탄하곤 했는데, 누군가 바로 이 점에 착안해서 새로운 게임을 하자고 제안했다.

게임의 룰은 간단했다. 수영장 한쪽 끝의 수심이 깊은 곳에서 다 같이 큰 원을 이루며 선헤엄을 치다가 한 번에 한 사람씩 차례차례 원의 한가운데로 간다.

그 다음에 일단 잠수했다가 팔, 다리, 손, 발을 이용해서 상체를 물 밖으로 가능한 높이 솟구치면 된다. 누가 가장 높이 솟아오르는가, 바로 이게 게임의 목적이었다. 우리는 이 놀이를 '돌핀 게임'이라 불렀다.

이 게임에서는 아론 페리가 언제나 승자였다. 우리들 중 누구도 아론만큼 높이 솟아오르지 못했기 때문이다. 우리보다 한 살이 많은 아론은 다른 아이들보다 머리 하나는 더 컸는데, 그 애가 우람한 덩치에 큼지막한 발을 휘저어 물 밖으로 솟구칠 때는 정말이지 입이 떡 벌어질 정도였다.

게다가 아론의 손은……, 와! 그 손이라니! 손이 그렇게 큰 아이는 정말 찾기 힘들 것이다. 그 아이는 초등학교 3학년 때 농구공을 드리블하다가 순간적으로 그 큰 공을 꽉 움켜잡기까지 했었다.

그러니 아론이 누구보다 뛰어난 실력을 보이는 건 너무 당연한 일이었다. 물속에서 아론은 우람한 발로 물을 찰싹 차고는, 야구 글러브만큼이나 큰 손을 휘저어 물을 밀어내면서 순식간에 물 밖으로 몸을 일으켜세웠다. 그럴 때면 아론은 딱 돌고 래 플리퍼였다. 아니, 적어도 플리퍼의 인간 사촌처럼 보였다.

4학년이 거의 끝나가는 여름이었다. 대부분 열 살이고, 당연히 아론은 열한 살이었다. 의사들의 말에 따르면, 이 무렵의 아이들은 본격적으로 성장기가 시작되는 때라 아침저녁으로 키가 자라고 체중도 부쩍 불어서 말 그대로 하루가 다르게 변한다고 한다.

아론이 딱 그랬다. 우리보다 머리통 하나는 더 큰 아론은 자기가 우리보다 무슨 일이든 잘한다고 뻐겼는데, 그러면 우리는 그 말이 맞다고 맞장구를 쳤다. 속으로야 마음이 쓰리지만 사실이 그러니 어쩔 수 없는 노릇이었다.

그런데 마침내 아론 페리의 신화가 여지없이 깨지는 순간이 왔다. 케빈 퍼킨스가 그 주인공으로, 그가 돌핀 게임에서 아론을 약 45센티미터 차이로 이겨버렸던 것이다!

그날 오후가 어제 일처럼 생생히 떠오른다. 우리 친구들 10명은 수영장 한쪽 끝 수심이 깊은 곳에 모여서 늘 하던 대로 크게 원 모양을 만들고는 차례로 돌핀 게임을 하기 시작했다.

우리는 서로 경쟁자일 뿐만 아니라 누가 더 높이 올라갔는지 판단하는 심판관이기도 했다. 우리들의 눈으로 미세한 차이를 구분하기는 어렵다 해도, 가령 20센티미터나 30센티미터 정도 더 높이 올라간 사실은 금세 알아차릴 수 있었다. 물 밖으로 나온 가슴의 위치로 판단할 수 있으니 말이다.

그날, 내 차례는 이미 지나갔다. 아론과 다른 아이들 역시 모두 자기 차례를 마쳤고, 마지막으로 케빈 퍼킨스만 남은 상태였다. 케빈이 한가운데로 헤엄쳐 나가자 누군가 결과를 볼 것도 없다는 듯이 소리쳤다.

"케빈, 빨리해! 빨리하고, 다시 시작하자."

아이들 중에 로저 루커와 그 애의 여자친구인 캐롤은 이미 자리를 뜬 후였다. 어쩌면 그건 당연한 일이었다. 아론 페리 이후의 성적은 아무 의미도 없으니 말이다.

하지만 우리들 대부분은 케빈을 좋아했기 때문에 묵묵히 결과를 기다렸다. 마침내 케빈이 원 중앙에서 잠시 멈추었다가, 주변을 둘러보며 소리쳤다.

"자, 시작한다!"

"알았어, 빨리해!"

케빈이 물속으로 쑥 들어갔다. 그런데 그 다음이 문제였다. 케빈이 그대로 수면 아래로 내려가버리는 게 아닌가. 우리들은 이제까지 물속에서 잠시 헤엄을 치다가 그 자세에서 손과 발을 휘저어 순식간에 물 밖으로 솟구쳤는데, 케빈은 수영장의 밑바닥까지 완전히 내려가버렸다.

우리들은 의아한 표정으로 시선을 주고받았다. 케빈이 지금 뭘 한 거지? 그때 케빈은 몸을 최대한 웅크린 채 무릎을 구부리고 완전히 수영장 바닥에 착지해 있었다.


다음 순간, 케빈이 바닥을 박차고 힘껏 치솟아오르더니 순식간에 수면 밖으로 나와 공중으로 튀어올랐다. 케빈이 아론보다 훨씬 높이 올라갔다는 사실은 누가 봐도 명백했다. 누군가 소리쳤다.

"와! 케빈이 아론보다 45센티미터는 더 높이 올라갔어!"

케빈이 환호성을 질렀고, 우리도 그랬다. 마침내 케빈이 아론의 코를 납작하게 만든 것이다. 우리가 손을 맞잡고 환호성을 멈추지 않자, 아론이 더듬거리는 말투로 말했다.

"으음……. 네가 나보다 더 높이 올라간 건 맞는데, 그건……, 으음…… 그건 우리가 평소 하던 방식이 아니잖아. 그렇게 하는 건 부정행위야."

하지만 케빈이 느긋하게 미소 지으며 이렇게 대꾸했다.

"그래? 그런데 말이지……, 바닥까지 내려갔다가 올라오지 말라는 규칙이라도 있었나?"

우리는 재빨리 맞장구를 쳤다.

"맞아, 그런 규칙은 없어! 아론, 그렇지 않아?"

우리는 아론의 얼굴에 계속 물을 튀기며 대답을 재촉했다. 그때 나를 포함해 8명의 아이들이 수영장에 남아 있었는데, 아론은 이러다 우리가 자기 머리를 물속에 처박을지도 모른다고 생각했는지 재빨리 케빈의 새로운 기술도 정당한 거라고 동의했다.


그러자 아이들은 자연스럽게 앞으로는 기존의 방식에서 벗어나 누가 어떤 새로운 기술을 쓰더라도 용인해야 한다는 사실에 동의하게 되었다.

여기엔 아론의 어머니도 한몫했다. 케빈의 기술을 인정하려면 앞으로 아론이 새로 구사하는 기술도 인정해야 한다는 주장을 내놓으셨기 때문이다. 우리는 다음 게임부터 아론이 케빈의 기술뿐만 아니라 다른 새로운 기술을 개발할 것임을 알기에 케빈이 다시 승리하는 일은 없을 거라는 사실을 알고 있었다.

그러나 분명한 점은, 케빈이 여태까지 누구도 시도하지 않았던 신기술을 사용했고 우리 모두가 이 사실을 높이 평가했다는 점이다. 우리는 누구나 당연시하며 단 한 번도 의심하지 않았던 게임의 룰을 단숨에 바꿔버린 케빈의 용기에 박수를 쳤다. 뿐만 아니라 그 뒤부터는 모두 케빈의 방법으로 돌핀 게임을 하게 되었다. 그의 도전이 상식이 되어버린 것이다.

물론 아론은 돌핀 게임의 최강자 자리를 금세 되찾았지만, 우리가 기억하는 유일한 승자는 케빈이었다. 믿을 수 없을 만큼 공중으로 높이 치솟아올랐던 케빈만이 우리 모두의 기억에 돌핀 게임의 전설로 남아 있다.


그로부터 수십 년이 지났다. 하지만 나는 내 마음이 왜 그렇게도 자주 먼 옛날 그때로 달려가는지, 왜 그날의 기억이 날이 갈수록 더욱 선명해지는지 알 수 없었다.

더욱 이상한 일은, 그때 일을 떠올릴 때마다 자욱한 기억 너머에 어떤 진실 하나가 슬그머니 고개를 든다는 것이다. 그날 나는 케빈 바로 옆에 있었기 때문에 모든 상황을 똑똑히 목격했다. 그래서 그날의 이야기는 결코 변할 수 없고, 잊어버릴 수도 없었다. 그럼에도 해답을 찾아내지 못한 무엇인가가, 확실히 정립되지 않은 어떤 생각이, 내 안에 계속 앙금처럼 남아 있었다. 그게 도대체 무엇일까?

그러다 어느 날 아침, 잠에서 깨어나면서 불현듯 한 가지 사실이 떠올랐다. 케빈 퍼킨스가 수영장의 바닥을 박차고 올라와 수면 높이 튀어오를 때까지는 모두가 항상 똑같은 방법으로 경쟁하고 있었다는 사실을.

우리는 매일같이 그렇게 우리에게 익숙한 기존의 방식대로 게임에 임했다. 그렇게 하면 아론에게 패배한다는 사실을 뻔히 알면서도 왜 그랬을까?

답은, 우리 모두가 그렇게 하는 것에 길들여져 있었기 때문이다. 이미 알고 있는 익숙한 방식에 철저히 구속되어 있었기 때문에 다른 기술을 찾을 시도조차 하지 않았던 것이다. 자신이 인지하고 믿고 있는 사실에 대한 확신이 오히려 스스로를 일정한 틀에 박혀서 똑같은 방식으로만 움직이는 로봇으로 변하게 만들었던 것이다.

케빈은 우리가 당연시하며
누구도 의심하지 않았던
게임의 룰을 완전히 바꿔버렸다.

어찌 수영장의 아이들뿐이겠는가? 우리는 세상이 정해놓은 원칙에 불만을 느끼면서도 그것을 거스르는 노력을 하기보다는 고분고분 순응하며 살아간다. 눈에 보이는 '사실'에 도전하는 것은 그만큼 고생이 막심한 일이기 때문이다.

20세기 가장 위대한 철학자로 꼽히는 오스트리아 출신의 철학자 루트비히 비트겐슈타인Ludwig Wittgenstein은 이렇게 말했다.

"인생이 견딜 수 없게 되었을 때 우리는 상황이 변화할 것을 기대한다. 그러나 가장 중요하고 가장 효과적인 변화, 즉 자기 자신의 태도를 바꿔야 한다는 인식에는 생각이 미치지 못한다."

다시 우리 얘기로 돌아와보자. 그때는 우리들 중 누구도 이해할수 없었지만, 나는 케빈의 도전에 우리 삶의 원칙이 존재한다고 생각한다. 어른이 되고 한참이 지난 뒤에도 그런 생각을 하지 못했지만 이 원칙이 우리 삶의 대부분을 지배한다는 사실을 알게 되었다.

특히 그 태도는 저마다에게 주어진 한계를 뛰어넘으려 할 때, 다시 말해서 기존의 원칙을 깨뜨리고 새로운 세상을 향해 도전할때 얻게 되는 결과에 너무도 큰 영향을 미쳐왔다. 따라서 나는 당신에게 이렇게 말하고 싶다.

자신의 앎에 무조건 믿음을 갖는 일은 위험하다.
자신이 생각하는 모든 게
항상 올바른 것은 아니기 때문이다.
그러니 수영장의 바닥을 박차고 오르듯이
자신이 알고 있는 통념의 틀을 깨라.
성공의 시작은 바로 거기부터다.

# 02

# 틀에 박힌
## 생각을 걷어차고

그때 우리들 가운데 최고는 단연 아론 페리였다. 우리가 연습할 때나 실제 게임에서 사용한 방식은 아론의 그것과 똑같았는데, 그럴 수밖에 없었다. 한 번도 승리를 놓치지 않는 아론의 방식이 우리들 사이에서는 교과서나 마찬가지였으니 말이다.

우리는 아론의 동작을 분석하기 위해 비밀 토론까지 했었다. 그의 비결을 알아내려는 노력은 항상 헛수고로 끝났지만, 어쨌든 우리는 아론을 이기고 싶은 마음이 간절했기에 그 정도로 진지했다.

우리는 항상 궁금했다. 아론은 물속에서 손을 어떻게 오므리고, 어떤 각도로 움직였지? 엄지손가락을 손바닥 밑으로 밀어넣었나, 아니면 엄지손가락을 검지에 딱 붙였나? 공중으로 치솟아오를 때는 발로 계속 물을 찼던가? 아니면 단 한 번 세게 차고 그 힘으로 높이 올라갔나?

이런 연구는 나름 성과가 있었다. 우리 가운데 누구도 아론처럼 신체적 이점을 가진 아이는 없었지만, 하루가 멀다 하고 그의 동작을 하나하나 세밀히 분석했기에 우리의 실력도 점점 향상되어갔다.

우리는 2년 가까이 돌핀 게임을 했다. 기술을 익히고, 신체도 점차 성장하면서 어떤 아이는 아론에 버금갈 정도의 실력을 갖게 되었다. 하지만 아론 역시 성장하고 실력도 더 향상되었기에 케빈이 그토록 놀라운 시도를 통해 한 번 이기기는 했지만 그 뒤로는 누구도 아론을 이기지 못했다.

그럼에도 우리는 그 뒤로도 한참 동안 그날의 기적을 선명히 기억했다. 하지만 이렇게도 생각할 수 있다. 케빈의 승리는 이전까지와는 전혀 다른 방법이라고는 하지만, 그건 너무도 단순한 변화였다. 아론 페리가 영원한 승자라는 공식을 깨뜨린 것은 게임의 룰을 바꾸는 작은 생각 하나에서 출발했다는 얘기다.

틀에 박힌 생각을 걷어차고 자기만의 새로운 방식을 선택하는 것, 고정관념의 벽을 무너뜨리고 이제까지 없던 방식으로 도전하는 것, 비즈니스 세계에서는 이를 '이노베이션innovation'이라 부른다는 걸 어른이 되어 배웠다.

이노베이션은 낡은 기술, 설비, 방법 따위를 버리고 새롭고 선진적인 기술과 공정을 도입하여 기술적 측면에서 근본적인 변화를 꾀하는 것이라고 사전에 나와 있다.

나는 어느 분야든 진정한 승리자가 되는 비결은 바로 여기에 있다고 생각한다.

케빈의 승리는
이전까지와는 전혀 다른 방법이라고 하지만,
그건 너무도 단순한 변화였다.
아론 페리가 영원한 승자라는
공식을 깨뜨린 것은
게임의 룰을 바꾸는 작은 생각 하나에서
출발했다는 얘기다.

변화나 혁신은 어떻게 시작될까? 이노베이션 이론을 처음 주창한 경제학자 슘페터Schumpeter는 이런 말을 남겼다.
"우편 마차를 아무리 여러 대 연결한다고 해도 결코 기차가 될 수 없다."
그러니 이렇게 말할 수 있다. '어쩌면……' '혹시……' '만약……'이라는 생각이 계속 따라붙는다면 어쨌든 시도는 한 번 해보자. '이렇게 하면 어쩌면 이길 수 있지 않을까?'라는 생각이 든다면 일단 수영장 바닥까지 내려가 보자.
그렇게 하지 않으면 사는 동안 만나는 무수한 '어쩌면, 혹시, 만약'은 절대 일어나지 않을 일들로 남게 된다. 당신이 죽을 때까지 시도조차 하지 않은 '불가능한' 일들로 말이다.

이전까지와는 전혀 다른 방법이라고는 하지만,
그건 사실 너무도 단순한 변화였다.
틀에 박힌 생각을 걷어차고
자기만의 새로운 방식을 선택하는 것.
나는 세상의 승자가 되는 비결이
바로 여기에 있다는 사실을 알게 되었다.

# 03

# 마음속의
# 날개를 힘껏 펼쳐라

그때 케빈 퍼킨스는 열한 살에 불과했지만, 그가 불끈 쥔 주먹을 높이 쳐들고 수면을 박차고 나오며 영혼 깊은 곳에서 터져 나오는 함성을 터뜨리던 광경을 지켜본 사람들에게, 케빈은 '비머네스크 Beamonesque'라는 말로밖에 달리 묘사될 수 없었다.

'비머네스크'는 1968년에 열린 멕시코시티 올림픽 멀리뛰기 종목에서 8.90미터라는 세계 최고 기록으로 우승한 미국의 육상선수 밥 비먼 Beamon의 이름에 행동을 뜻하는 접미사 'esque'를 붙인 합성어로, 누군가 상상을 훌쩍 뛰어넘는 업적을 이뤘다는 뜻으로 사용된다.

당신은 이 단어를 처음 들어볼지 모르지만, 엄연히 몇몇 사전에도 등재될 만큼 실제로 존재하는 말이다. 이 단어가 아직 모든 사전에 실리지 않은 이유는 1968년 10월 18일 이전까지 '비먼Beamon'이라는 이름과 접미사 'esque'가 결합될 이유가 전혀 없었기 때문이다.

1968년은 휘발유가 1갤런 당 20센트였고, CBS 방송국에서 〈앤디 그리피스 쇼The Andy Griffith Show〉라는 시트콤의 마지막 방송이 전파를 탄 해였다. 이 시트콤의 마지막 시즌은 시청률 1위로 마감했는데, 지금까지도 역대 최고 시청률을 기록한 텔레비전 드라마 3편 가운데 하나로 손꼽힌다. 다른 2편은 〈왈가닥 루시I Love Lucy〉와 〈사인펠드Seinfeld〉다.


우연의 일치겠지만, 케빈이 우리들 사이에서 돌핀 게임의 레전드가 된 1968년에 밥 비먼이라는 선수가 세계 육상계에 충격을 던진 불후의 기록을 세웠다.

사실 비먼이 올림픽 금메달을 딸 것이라고는 누구도 예상하지 못했다. 그때까지 비먼의 성적은 올림픽 우승은 물론이고 세계 육상계에 길이 남을 불멸의 기록을 세울 거라고 예측될 만큼 뛰어나지 못했기 때문이다.

뉴욕 퀸스 출신인 스물두 살의 비먼은 1968년 멕시코시티 올림픽에서 다른 선수들이 단거리 육상경기에 출전하면서 멀리뛰기 종목에 부차적으로 출전하는 것과는 달리 멀리뛰기 한 종목에만 참가했다.

그는 수많은 메달 경쟁자들 가운데 한 사람임에 분명했지만, 이틀간의 예선에서는 성적이 그리 좋지 않았다. 제일 큰 문제는 점프였는데, 예선에서 발구름판을 연거푸 건드리는 바람에 실격 직전까지 가서 결승전에 나가지 못할 뻔했다가 세 번째와 마지막 시도에서 간신히 결승전 진출 자격을 따냈다.


결승전 날, 비먼은 이전에 열린 올림픽에서 금메달을 딴 2명의 선수와 시합을 해야 했다. 이들은 1960년 로마 올림픽에서 우승했던 미국의 랠프 보스턴Ralph Boston과 1964년 도쿄 올림픽에서 우승한 영국의 린 데이비스Lynn Davies였다.

그리고 경쟁자들 중에는 이고르 오바네시안Igor Ovanesyan도 있었다. 그는 우크라이나 키예프에서 미국의 원반던지기 선수였던 아버지와 우크라이나 배구선수 출신인 어머니 사이에서 태어났는데 구소련을 대표해서 출전한 올림픽에서 두 번이나 동메달을 딴 바 있었다.

그는 사실 이번 올림픽에서 가장 유력한 금메달 후보로, 당시 멀리뛰기 세계 기록 보유자였다. 올림픽이 열리기 1년 전에 멕시코시티 경기장에서 열린 국제 육상선수권대회에서 오바네시안은 올림픽 결승에서 만나게 될 3명의 선수들(랠프 보스턴, 린 데이비스, 밥 비먼)과 겨루어 세계 최고 기록을 세우며 우승했다.

멕시코시티 올림픽 이전의 한 세기 동안 펼쳐진 경쟁에서 멀리뛰기 세계 기록은 딱 13번 깨졌는데, 기록이 깨졌을 때 증가치는 평균 2.5인치(6.35센티미터)에 지나지 않았다. 이것만 봐도 멀리뛰기의 세계 기록이 깨지는 게 얼마나 힘든지 알 수 있다.

올림픽 결승전 당일, 세계 최고 기록은 오바네시안이 1년 전에 세웠던 기록에 여전히 멈추어 있는 상태였다. 그 기록은 바로 27피트 4.75인치(8.37미터)였다.

먼저 데이비스가 시도하고, 뒤이어 보스턴과 오바네시안이 시도했는데 이들은 모두 27피트(8.23미터) 부근에 착지했다. 최선을 다한 세 사람은 초조하게 다음 차례를 기다리고 있는 젊은 미국인 선수를 지켜보았다. 밥 비먼이었다.

멕시코시티는 해발고도가 2,200미터가 넘기 때문에 조금만

빨리 움직이거나 계단을 오르면 숨이 찬다. 운동선수에게 이런 환경은 매우 불리한 조건이지만, 대부분의 선수들은 올림픽에 오기 전 이런 환경에서 수없이 연습했기 때문에 그리 큰 문제가 되지 않았다.

관중석에 꽉 들어찬 사람들이 압도적인 침묵과 함께 밥 비먼을 응시했다. 누구도 움직이지 않았다. 그런데 그때 갑자기 보스턴이 비먼 옆으로 다가가더니, 그의 귀에다 대고 뭔가를 속삭였다.

보스턴은 비먼에게 뭐라고 했을까? 경기가 끝났을 때도 그들 중 누구도 그 순간의 대화에 대해 말하지 않았지만 한 가지 사실만은 분명했다. 보스턴이 말을 마치고 돌아서는 순간, 비먼은 그때까지 경험해보지 못한 초자연적인 집중력을 발휘할 수 있었다는 사실이다. 세월이 한참 흐른 뒤에, 비먼은 그날을 회상하며 그 순간의 대화에 대해 처음으로 입을 열었다.

"그때 나는 신체적으로 그 어느 때보다 완벽했어요. 하지만 정신적으로는 그리 강인하지 못했어요. 세계 최고 무대인 올림픽에서, 그리고 압박감이 가슴을 짓누르는 상황에서, 내 실력을 100퍼센트 발휘할 수 있을지 몰라 몹시 불안하고 초조했지요. 그런데 내 차례가 되기 직전에 보스턴이 다가와 귓속말을 해주었어요. 그 순간, 그의 말이 내 머릿속에 구체적인 그림으로 떠올랐어요."

　그때의 기록 영상을 보면, 입술을 잘근잘근 씹으며 초조하게 서 있는 비먼 뒤로 보스턴이 조용히 다가가 뭔가 말을 하는 장면이 나온다. 보스턴은 뭐라고 말했을까? 보스턴은 이렇게 속삭였다고 한다.

　"비먼, 망설이지 말고 공중으로 최대한 빨리 뛰어올라라. 그래야 여유가 있어. 발구름판 2인치 앞에서 미리 뛰라고! 그러면 2피트 더 멀리 착지하게 될 거야. 지금 너의 다리는 그 어느 때보다 강인해. 지금 이 순간 네 몸은 깃털처럼 가벼워. 네 마음엔 날개가 달려 있어. 그것을 이용해서 힘껏 날아오르라고!"

　그렇게 말하고 보스턴은 뒤로 물러섰고, 비먼은 즉시 준비 자세를 취했다. 약 20초 동안 비먼은 자신이 뛰어나갈 트랙과 목표 지점을 골똘히 응시했다. 그러고는 마침내 체중을 발 뒤쪽에 한 번 실었다가 쏜살같이 앞으로 뛰어나갔다. 고개를 번쩍 들고, 피스톤이 펌프질을 하듯 두 팔을 힘차게 움직이면서.

　비먼은 열아홉 발짝을 달려 공중으로 6피트(1.82미터) 이상 뛰어올랐다. 두 다리는 달리는 동작으로 계속 질주해나갔는데,

그가 트랙 끝 모래밭에 착지하는 데는 약 6초가 걸렸다.

하지만 문제가 생겼다. 흔히 멀리뛰기 선수들은 발구름판을 침범하는 반칙을 많이 저지르는데, 비먼에게 문제가 된 것은 그게 아니었다. 비먼은 발구름판을 건드리지 않았고, 모래밭 경계선 내에서도 깔끔하게 착지했다.

문제는, 그가 모래밭 어디에 착지했는가 하는 것이었다. 심판들이 측정기를 들고 그가 뛴 거리를 알아보려고 했지만 도저히 거리를 잴 수 없었다. 비먼이 측정기의 측정 한계를 훨씬 벗어나 착지했기 때문이다.

심판들이 방금 전에 벌어진 상황에 대해 공식적인 판결을 내리기 위해 허둥지둥 구식 줄자를 찾는 동안 관중들은 20분 이상 초조하게 기다려야 했다. 그리고 마침내 결과가 발표되었을 때 경기장에는 경악스러움이 담긴 침묵이 흘렀다.

그러다 이내 운동장을 뒤흔드는 함성이 터져 나왔고, 비먼이 무릎을 꿇고 얼굴을 두 손에 파묻었다. 비먼의 기록은 29피트 2.5인치(8.90미터)였다. 이 기록은 당시 세계 기록보다 무려 21.5센티미터나 앞선 것이었다.

더구나 이 기록은 그때로부터 무려 23년이 지나서야 깨질 만큼 경이적인 것으로, 미국의 스포츠 전문 매체 〈스포츠 일러스트레이티드Sports Illustrated〉는 비먼의 그 점프를 20세기의 스포츠사 전체를 통틀어 가장 위대한 5가지 장면 중 하나로 선정했다.

그런가 하면 미국의 스포츠 채널 ESPN은 그 장면을 역사상 가장 놀라운 올림픽 성과로 꼽기도 했다. 그리하여 생긴 단어가 바로 '비머네스크'다. 뉴욕의 한 젊은이가 시도한 한 번의 점프가 세계를 놀라게 했기에 신조어까지 만들어진 것이다.

"망설이지 말고
공중으로 최대한 빨리 뛰어올라.
그래야 여유가 있어.
2인치 앞에서 미리 뛰라고!
그러면 2피트 더 멀리 착지하게 될 거야.
지금 너의 다리는 그 어느 때보다 강인해.
지금 이 순간 네 몸은 깃털처럼 가벼워.
네 마음엔 날개가 달려 있어.
그것을 사용해서 힘껏 날아오르라고!"

---

랠프 보스턴의 이 말은 내게 이렇게 들린다.
"지금 눈앞에 있는 현실에 굴복하지 말고 너의 염원을 불어넣어.
망설이지 말고 최대한 높이 뛰어올라! 그러면 허상으로만 느껴지
던 네 희망이 구체화되는 경험을 하게 될 거야."
이것이 바로 비머네스크의 진정한 의미다. 당신도 살아가는 동안
힘들고 외로운 상황에 부딪칠 때마다 이 말을 가슴에 새기길 바
란다.

비머네스크 Beamonesque :
'지금까지의 어떤 성과보다 훨씬 뛰어난,
압도적인 업적을 이룬'을 뜻하는 말.

# 04

# 그냥 '훌륭한 것'으로는
# 아직 부족하다

열망하는 목표를 향해 끊임없이 그곳에 닿는 연습을 하는 사람은 행복하다. 목적이 있는 삶의 가치를 알고, 그 열망을 바탕으로 줄기차게 앞으로 나아가기에, 그 사람은 마음속 활활 불타오르는 열망을 재산목록 1호로 삼는다.

당신은 그런 목적과 열망이 있는가? 아직 그런 게 없더라도 걱정하지는 마라. 이제부터 힘껏 손을 뻗으면 되니 말이다. 이 장에서 다룰 이야기를 위해 일단 당신이 가야 할 목표를 '수영장의 바닥'이라고 부르기로 하자.

케빈이 그랬듯이, 바닥을 박차고 공중으로 치솟아오르기 위해서는 일단 얼굴에 물을 적시고, 수면 아래를 살짝 들여다보는 것으로 시작해야 한다. 여기서 중요한 점은, 수면 아래 몇 인치를 내려다본다고 해봤자 사실은 대부분의 사람들이 있는 곳보다 살짝 아래로 내려간 지점일 뿐이라는 것이다.

그럼 여기서 내가 '대부분의 사람들'이라고 표현한 문장에서 '대부분'이 대체 몇 퍼센트에 해당하는 사람들인지 주목해보자. 어쩌면 이렇게 물을 수도 있다.

"자신의 삶을 변화시킬 수영장의 바닥에 대해서는 일말의 관심도 없이 그저 주어진 현실에 만족하며 살아가는 사람들은 전체 인구 중에 얼마나 될까?"

나는 이 문제를 여러 해에 걸쳐 연구한 끝에 내 나름의 결론을 얻었다. 하지만 아직은 이 얘기를 할 때가 아니니 다음 얘기로 넘어가자. 대신 나는 앞으로 펼쳐질 여정에서 당신의 목표와 열망에 답을 줄 나침반을 건넬 작정이다. 그러면서 대부분의 사람들은 잘 가지 않는 장소를 안내하는 한 사람의 가이드로서 내 역할에 충실할 것이다.

누군가 팔을 잡고 똑같은 길을 여러 번 보여주며 같은 이야기를 반복한다면, 모두들 지겨워하고 재미없어 할 것이다. 그렇기에 나는 당신의 가이드로서 똑같이 반복되는 말은 최대한 피하면서, 때로는 당신에게 질문을 던지는 방법으로 이야기를 펼쳐나가고자 한다.

　내 이야기에는 수면 아래로 살짝 얼굴을 넣기 시작해서 수영장 바닥까지 내려가는 사례와 바닥까지 내려갔다가 돌아오는 길을 찾지 못해서 겪을 수 있는 좌절에 대한 이야기도 포함될 것이다.

　물론 나는 그런 비극이 당신에게 닥치지 않게 할 작정이다. 난생 처음으로 수영장 바닥으로 향하는 당신의 여정을 성공적으로 매듭짓기 위해, 나는 흔히 간과되지만 절대 놓쳐서는 안되는 아주 중요한 사항들을 세심하게 지적할 것이다.

　단, 반드시 잊지 말아야 할 일이 있다. 내가 당신의 가이드가 된 것은 영광이지만, 이 여정의 주인은 어디까지나 당신이라는 사실을 잊지 말아야 한다. 당신은 다른 누구를 위해 사는 게 아니라 세상에 하나뿐인 존재로서 당신을 위해 살아야 하기 때문이다.

　머지않아 당신이 수영장 바닥까지 내려갔다가 올라오는 데 성공한다면 그 특별한 목적지에 당신의 가족, 친구, 혹은 직장

동료를 안내해줄 자격이 생길 것이다. 내가 그랬듯 당신이 가이드가 되는 것이다.

하지만 아직 그들에게는 어떤 약속도 하지 말자. 지금 이 순간 그들은 수면 위에서 행복하게 물을 첨벙이고 있을 테고, 그래서 그들에게 인생이라는 돌핀 게임은 무척이나 만만하게 보일 것이다. 지금은 그들이 그들만의 즐거움을 누리게 놔두자.

그러다 수영장의 바닥을 경험한 당신이 실제로 얼마나 더 멋진 결과를 내는지 보게 되면 그들 역시 그곳으로 향하지 않으면 안 된다는 사실을 깨닫게 될 것이다.

사실 이 세상 모든 수영장에서 대부분의 사람들은 자신들이 원하기만 하면 언제든 수영장 바닥으로 헤엄쳐 내려갈 수 있다는 사실을 알고 있다. 그럼에도 그들이 그저 수면 위에서만 헤엄치는 이유는 그곳이 더 안전하고 사람도 훨씬 많기 때문이다. 수영장의 수면은, 다시 말해서 물 밖의 세상은 우리가 속 편하게 살아갈 수 있는 조건들로 가득한 세계의 가장 적절한 비유다.

굳이 수영장 바닥으로 내려갈 이유가 어디 있겠는가? 물 밖의 세상은 눈에 보이는 명확한 결과가 언제든 존재하고, 그 결과는 서로가 서로를 모방해가면서 얼마든지 발전이 가능하다. 그렇기에 이런 일이 대부분의 사람들에 의해 반복적으로 실행되는 것이다.

어렸을 때, 부모님이 수영장에 데려다주었을 때를 생각해보자. 부모님은 당신에게 수영장 안에서 가장 물이 얕은 곳에서만 놀라고 하며, 수면 아래로는 절대 내려가지 말라고 당부했을 것이다. 어쩌면 그때부터 수영장의 바닥은 위험한 곳이라는 인식이 당신의 머릿속에 단단히 자리잡게 되었을 수도 있다.

당신이 처음으로 수영장 한쪽 끝에서 다른 쪽을 향해 수면 아래로 헤엄쳐갔을 때 부모님이 어떻게 행동했는지 기억나는가? 분명히 자리에서 벌떡 일어나 수영장 반대편으로 달려와서 당신이 수면으로 완전히 올라올 때까지 초조하게 기다렸을 것이다.

문제는, 우리가 수면에서 사라지는 걸 두려워하는 것은 살면서 길들여진 습관 때문만은 아니라는 점이다. 오랜 경험을 통해 가시적인 성과를 내는 사람들이 득실거리는 물 밖의 세상을 함부로 벗어난다는 건 쉬운 일이 아니다. 그들이 펴뜨린 삶의 원칙들이 언제나 유용한 답이 되어 폭 넓게 공유되기에 더

욱 그렇다.

그렇게 수면에서의 삶은 대부분 흠잡을 데 없이 훌륭하지만, 그것만이 단 하나의 진실일까? '훌륭하다'는 말은 아주 좋아서 나무랄 곳이 없다는 뜻으로, 누구나 꿈꾸는 멋진 상황을 나타내는 단어다.

우리는 이렇게 말한다.

"그는 훌륭한 선수야. 그들은 훌륭한 부모야. 그녀는 훌륭한 학생이야. 그분은 훌륭한 의사야. 훌륭한 기술자야. 그들은 훌륭한 팀이야……."

사회운동가들은 '좋은 사회에서 훌륭한 사회'로 나아가는 것을 목표로 한다. 대다수 선생님들은 학생들이 열심히 공부해서 훌륭한 성인으로 살아가기를 바란다. 부모들은 아이가 훌륭한 어른으로 자라서 자기만의 충만한 삶을 살아가기를 바란다. 그렇듯이 '훌륭하다'는 말은 긍정적인 활동에서 상당한 수준의 성과를 거두었을 때 어김없이 적용된다.

그러나 여기에 질문이 하나 있다. 수영장의 바닥으로 내려가기만 하면 '최고의' 상태가 기다리고 있는데 왜 단지 '훌륭한' 상태에 만족해야 하는가? 사람들이 단지 훌륭한 상태만을 바랄 뿐 '최고'를 목표로 하지 않는 이유는 무엇일까?

아마도 이것은 밥 비먼이 멕시코시티 올림픽 이후에는 불후의 기록을 세웠던 그때의 점프를 두 번 다시 해내지 못한 이유와 같을지 모른다.


수영장의 수면에 있는 대부분의 사람들은 바닥에 있는 사람들보다 훨씬 시끄럽다. 그들은 무엇이 옳고 무엇이 그른지, 무엇을 해야 하고 무엇을 하지 말아야 하는지를 자기들 나름의 확신을 가지고 큰소리로 떠들어댄다. 그들이 만들어내는 소란은 수영장 바닥에서 최고를 추구하려는 사람들의 뇌를 파고들 정도로 크고 날카롭다.

이런 소음은 마치 그들의 목소리가 세상의 전부인 것 같은 착각을 불러일으켜 다른 사람을 기죽게 만든다. 하지만 당신이 최고를 지향하는 사람이라면 그들이 만들어내는 소음에 과감하게 귀를 닫기를 바란다.

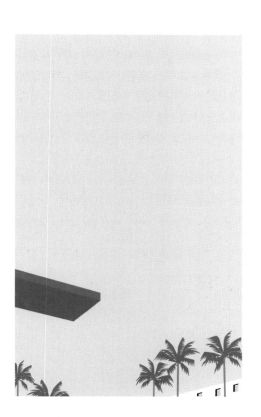

'수면 아래로 내려가면
'최고의' 상태가 기다리고 있는데
왜 '훌륭한' 상태에 만족하려 하는가?'

지금 보이는 것이 **훌륭**하다고 그 이상이 없는 것은 아니다. 당신
의 뇌리에 날카롭게 파고드는 '훌륭한' 사람들의 외침은 최고가
되려는 당신에게는 하나의 조언일 뿐임을 알아야 한다. 최고가
되려면 그들의 조언에도 귀를 기울이는 건 당연한 일이지만, 주
위 사람들이 긴장할 정도로 강력한 도전을 펼칠 당신만의 전략이
필요하다.

남다른 성공을 원한다면, 다시 말해서 남들이 절대 엄두를 내지
못하는 수영장 바닥으로부터의 도전을 시작하려면, 남다른 각오
와 계획이 필요하다는 것이다. 그것이 바로 당신의 비머네스크다.

물 밖의 세상은 눈에 보이는
뻔한 결과가 존재하고,
그 결과를 서로 모방해가면서
얼마든지 발전이 가능하기에
대부분의 사람들이 아무 의심 없이
반복적으로 실행하고 있다.

# 05

# '해낼 수 있을까?'와
# '해낼 것인가?'의 차이

밥 비먼이 1968년 멕시코시티 올림픽에서 전설적인 성적을 올린 뒤 다시는 더 이상의 발전적인 모습을 보여주지 못했다는 사실은 무척 흥미롭다.

비먼은 그날 이후 수년 동안 계속해서 멕시코시티 경기장에 나타났다. 그는 그 기록을 세운 날과 같은 시기에, 같은 기온에서 시합을 펼쳤다. 그는 해발고도 7,382피트에 자리한 그 경기장에서 예전처럼 낮은 공기밀도를 느끼며 29피트 2.5인치(8.90미터)와 같거나 이를 능가하는 기록을 내기 위해 계속 시도했다.

사실 비먼은 그 이후에 딱 한 번 자신의 세계 기록을 깬 적이 있었다. 하지만 시속 2마일이 넘는 바람을 등진 상황에서 나온 기록이라는 이유로 공식적으로 인정되지 않았다.

비먼은 그날에 겨뤘던 경쟁자들과 다시 시합을 벌인 적도 여러 번 있었다. 그는 그날과 같은 색깔의 옷을 입고, 심지어 동일한 신발을 신기도 했다. 하지만 랠프 보스턴이 조언을 했던 날의 기록에 결코 근접하지 못했다.

어떤 전문가들은 이 질문에 대한 답을 제시하는 보고서를 내놓기도 했는데, 그들은 하나같이 비먼이 29피트 2.5인치를 뛰었던 날 '운명의 키스'를 받았다고 했다. 무슨 뜻이냐 하면, 비먼의 비현실적인 점프는 신의 선물로서, 그는 인류 역사상 유니콘을 실제로 보고 손으로 만진 유일한 사람에 비유될 수 있다는 설명이었다.

그렇게 말하는 전문가들은 말하자면 수영장의 수면 위에 있는 사람들이었다. 그들은 비먼의 성과가 인간의 능력으로는 도저히 이뤄낼 수 없는 위업으로, 그가 잠시나마 신의 영역에 들어갔다가 우연히 이뤄낸 결과라고 평가했다. 당신은 이 의견에 동의하는가?

사람들은 이렇게 물었다.

"비먼이 다시 해낼 수 있을까요?"

사실 비먼이 이전의 위업을 다시 재현하려 했던 첫 번째 경기에서 실패한 직후에 이 질문에 대한 답이 쏟아져 나오기 시작했었다. 전문가들이 내놓은 답은 하나같이 '그럴 수 없다'였다.

이후에도 비먼은 자신의 기록을 깨는 데 도전했지만 연이어 실패하고, 결국 부상까지 당해서 쓸쓸히 트랙을 떠나게 되었다. 이에 전문가들은 자기들의 예측이 정확했다며 다시 한 번 힘주어 말했다.

"비먼은 결코 다시 해낼 수 없을 것입니다. 그리고 그가 세운 기록은 절대로 깨지지 않을 것입니다."


당시 여러 신문과 잡지에는 전문가들의 확신이 담긴 말들이 자주 실렸기 때문에 비먼도 자신의 미래를 암담하게 전망하는 기사들을 읽거나 들었을 것이다. 이제 그 일이 있고서 반세기 이상이 지난 지금, 당신과 내가 그동안 한 번도 제기되지 않았던 질문들을 검토해보면 어떨까 싶다.


1. 지난 100년 동안 멀리뛰기 최고 기록이 깨진 적은 열세

번뿐이고 기록 차이도 불과 2.5인치였는데, 그 기록을 깨 버리겠다고 작정하며 출발대로 걸어간 선수들이 한 명도 없었을까?

2. 1968년 10월 18일, 밥 비먼은 출발 지점에 섰을 때 자신 이 세계 기록보다 2피트 차이로 앞설 수 있다고 생각했을 까? 랠프 보스턴은 후배에게 다가가 "2인치 앞에서 뛰어. 그러면 2피트 더 멀리 착지할 거야!"라고 말하면서 그 말 이 비먼의 마음에 새겨져서 정말로 역사적인 기록을 세울 수 있을 거라고 생각했을까?

3. 당신은 살면서 특별한 이유 없이 다른 날보다 신체적으로 더 강인하다고 느끼거나 에너지가 넘친다고 생각한 적이 있는가? 그날 당신은 여느 때보다 실제로 신체가 더 강인 했던 것일까? 실제로 에너지가 더 넘쳤던 것일까? 더 많 은 에너지를 느낀 날에 비해 터무니없이 에너지가 부족하 다고 느낀 날, 당신은 어느 기준에서 에너지를 측정했나?

4. 어느 날 당신은 보통 때보다 몸이 한결 가벼워지고 날씬 해진 기분으로 체중계에 올랐다가 너무 피곤해서 파김치 가 되었거나 폭식으로 인해 체중이 많이 나갔던 날과 체 중이 똑같은 사실을 보며 낙담한 적이 있는가?

5. 당신은 마음에 날개가 있다는 말을 믿는가? 밥 비먼은 랠

프 보스턴이 그의 다리가 어느 때보다 강인하다고 말해주었을 때, 그 이야기를 진짜로 믿었을까? 비먼은 보스턴이 "지금 이 순간 네 몸은 깃털처럼 가벼워!"라는 말을 했을 때 어떻게 받아들였을까?

6. 당신이 스스로 할 수 있다고 생각하든, 그럴 수 없다고 생각하든, 살면서 긍정적인 생각들이 당신의 삶에 어떤 식으로든 영향을 끼치는 걸 느낀 적이 있는가? 그런 생각들이 당신 자신보다 다른 사람들에게 더 크게 적용되는 걸 느끼거나 발견한 적이 있는가?

7. 1968년 10월 18일, 밥 비먼은 자신이 '2피트 더 날아갈 수 있다'고 생각했을까? 뛰기 직전에 그럴 수 없다고 생각하지는 않았을까? 비먼의 멀리뛰기는 정말 그의 생애에 단 한 번 일어나고, 그 다음엔 영원히 사라져버릴 불가능한 위업이었을까? '비먼이 다시 해낼 수 있을까요?'라는 질문이 처음 제기되었을 때, 이 물음에 정확한 답을 내놓을 수 있는 사람이 있었을까?


마음에는 날개가 있을까? 당연하다. 그뿐만이 아니라 마음에는 닻도 있다. 하나의 생각에, 날개와 닻은 분명히 다른 작용을 한다. 날개가 완전히 펼쳐진 마음은 늘 긍정적인 결과로 이

어지는 데 필요한 적절한 행동을 불러일으킨다. 사람들은 이를 '탄력'이라고 말한다.

'회복탄력성'이란 말이 있다. 처음엔 심리학이나 정신의학의 영역에서 쓰이던 개념인데, 이제는 누구라도 이해하는 대중적인 용어가 되었다. 회복탄력성은 살면서 만나는 크고 작은 시련을 딛고 일어나 더 높이 튀어오르는 '마음의 근력'을 뜻한다. 밑바닥까지 떨어졌다가 강한 회복탄력성으로 튀어오르는 사람은 대부분의 경우 원래 있었던 위치보다 더 높은 곳까지 올라간다. 설마하니 열한 살짜리 소년이었던 케빈 퍼킨스가 이런 개념을 이해했을 리 없지만, 케빈은 회복탄력성의 진짜 의미를 우리에게 온몸으로 보여주었다.


한편 마음이 날개를 접고 닻을 내리면 반드시 부정적인 결과가 기다리게 되는데, 이렇게 해서 생기는 결과를 사람들은 '탄력 상실'이라고 말한다. 이런 상황이 되면 마음의 근력을 가차 없이 빼앗기기 때문에 작은 곤경이나 실패에도 쉽게 무릎을 꿇게 된다.

그만큼 탄력성은 우리 모두에게 매우 중요한데, 특히 운동선수에게는 더욱 중요하고 비즈니스 세계에 몸담고 있는 사람에게도 매우 중요하다. 탄력성은 팀을 긍정적인 방향으로 이끌어나가려는 사람에게도 중요하고, 당신이 강조하는 신념에 주위 사람들이 동조하길 바랄 때도 더없이 중요하다.

탄력의 효과는 그 힘이 다른 사람들에게 어떤 작용을 하는지 알면 이해하기가 쉽다. 한 사람에게 작용하는 탄력의 힘은 가족, 조직, 나아가 기업에 작용하는 탄력의 힘과 동일한데 탄력을 받을 때 하는 행동의 결과는 기대보다 훨씬 뛰어나게 나타난다.

이와 반대로 탄력이 없을 때 하는 행동의 결과는 기대에 훨씬 못 미친다. 다시 말해서, 당신이 속한 팀이 탄력을 받을 때는 실제보다 훨씬 더 좋은 모습을 보이는 반면에 그렇지 못할 때는 실제보다 아주 나쁜 모습을 보인다.

그렇다면 밥 비먼이 세계 육상 역사에서 가장 놀라운 성과를 거둔 이후 어이없게도 예전의 탄력성을 잃고 말았다는 게 가능한 일일까? 어떻게 그에게는 전 생애를 통틀어 탄력성을 발휘할 단 한 번의 기회만 주어졌을까?

이에 대한 답을 찾기 위해 아까 언급한 질문으로 돌아가보자. 그 질문은 '비먼이 다시 해낼 수 있을까요?'이다. 사실 멕시코시티 올림픽이 끝난 직후만 해도 그 질문은 매우 잘못된 것으로 보였다. 비먼은 당시 고작 스물두 살이었고, 그와 맞설 경쟁자들은 대부분 그보다 고령이거나 아직 경험이 부족한 신출내기들이 대부분이었기에 세계 육상계는 한동안 '비먼 시대'가 열릴 것이라고 예상되었다.

돌이켜보면, 그가 다시 해낼 수 있을지를 묻는 질문은 오히려 비먼에게 독이 되었던 게 분명하다. 그의 마음이 닻을 내리도록 촉진하는 역할을 했기 때문이다.

그때 만일 질문이 '다시 해낼 수 있을까 Can Beamon do it again?' 가 아니라 '다시 해낼 것인가 Will Beamon do it again?'였다면, 다른 결과가 나왔을지 모른다. 왜냐하면 그 질문은 비먼의 마음을 흔들 힘이 약했을 테고, 오히려 그의 장래를 기대하게 만들었을지도 모르기 때문이다.

하지만 사람들은 '비먼이 다시 해낼 수 있을까요?'라고 물었고, 이에 대한 답은 반드시 '그렇다'여야 했다! 왜냐하면 비먼은 이미 해낸 경험이 있기 때문이다.

비먼이 일생에 단 한 번만 그 거리를 뛸 수밖에 없었던 이유는 무엇이었을까? 그것이 단순히 신체적 한계 때문일 리는 없다. 그는 이미 전 세계와 자기 자신에게 실력을 입증해보였었다. 자신의 신체에 그러한 능력이 있음을 보여주었기에 이제 가능성 있는 유일한 문제는 그의 마음에 형성된 '장벽'이었다.

1968년 10월의 어느 오후, 비먼은 함성을 지르는 사람들로 가득 찬 육상경기장에서 하나의 목소리에 귀를 기울였다. 바로 그의 멘토인 랠프 보스턴의 말이었다. 그의 말은 비먼의 마음에 날개를 달아주었다. 그리고 그는 날개를 이용해서 어떤 사람도 상상하지 못한 거리까지 날아갔다.

하지만 그가 멕시코시티 올림픽에서 승리를 거둔 직후, 갑자기 반대 현상이 일어났다. 그는 이제 자신에게 가능하다고 했던 목소리에 귀를 기울이는 대신 그가 보여준 결과가 불가능한 것이었다고 주장하는 전문가들의 목소리에 포위되고 말았다.

그 뒤, 비먼은 다시 한 번 능력을 발휘하려고 자신의 마음을 자극하고 또 자극했지만 결코 근접한 기록을 세울 수 없었다. 그 이후의 선수생활 동안, 그의 마음은 끊임없이 자신의 몸에게 그날의 기록적인 멀리뛰기는 신과 키스한 행운이자 유니콘과 마주친 아주 특이한 케이스였다고 말했다. 결국 비먼은 자신이 앞으로 두 번 다시 그러한 거리를 뛰어넘지 못할 거라는 믿음을 자기 자신을 상대로 계속해서 강요하고 설득했던 것이다.

그가 다시 해낼 수 있을지를
묻는 질문은 오히려 독이 되었다.
그의 마음이 닻을 내리도록
촉진하는 역할을 했기 때문이다.

---

출발선 앞에 선 비먼의 마음속에 펼쳐진 날개는 누군가의 한 마디로 인해 하늘을 향해 작동하기 시작했다. 하지만 올림픽 이후 다시는 마음의 날개를 펼칠 수 없었던 것 역시 누군가의 한 마디 때문이었다.

이 이야기에서 우리가 주목해야 하는 점은 바로 이것이다. 머리로는 'No!'라는 생각이 들어도 마음으로 받아들일 수 있도록 입으로는 'Yes'라고 말하자. 긍정적인 생각이 긍정적인 결과를 부른다는 사실을 믿자. 그럴 때 마음은 날개를 활짝 펴게 될 것이다.

밑바닥까지 떨어졌다가
강한 회복탄력성으로 튀어오르는 사람은
대부분의 경우 원래 있었던 위치보다
더 높은 곳까지 올라간다.

머리말, 느닷없지만 꼭 해야 할 말
최후의 심판관이 당신의 점수를 매기러 올 때
상상력은 지식보다 낫다
당신은 왜 그런 생각을 하게 되었을까?
당신은 지금 열심히 달리고 있는가?
우리가 정말 알아야 할 모든 것은

Part 2

어린 시절 당신은

이렇지 않았다

# 머리말,
## 느닷없지만 꼭 해야 할 말

궁금한 점이 하나 있다. 당신은 책을 읽을 때 머리말을 얼마나 자주 그냥 넘어가는가? 내 개인적은 답변은 '매우 자주'이다. 이유는 나도 모른다. 어쩌면 급한 성격 탓에 주의력 결핍증이 발동하여 본론으로 빨리 넘어가고 싶어 하기 때문일지도 모른다. 어쨌든 나는 책을 읽을 때 본문이 시작되는 1장 이전의 모든 내용을 건너뛴다.

만일 당신도 나와 마찬가지로 머리말을 잘 읽지 않는다면, 당신은 나와 함께 앞에서 말한 '대부분의 사람들'에 속한다. 하지만 이는 독자마다의 읽기 습관에 관한 것으로 절대 책잡힐 일은 아니다. 그러니 크게 마음 쓰지는 말기를.

예전에 책의 머리말을 읽는 사람이 얼마나 되는지를 보여주는 통계 자료를 본 적이 있는데, 그것을 보고 나는 전혀 놀라지 않았다. 왜냐하면 내가 읽은 대부분의 머리말은 불필요한 글이어서 몹시 지루했고, 그랬기에 머리말을 읽는 독자들 비율이 그렇게 낮다는 사실에 새삼 놀라울 것도 없었다.

그렇더라도 나는 당신이 이 책의 머리말은 꼭 읽어주기를 원한다. 그래서 머리말을 여기 5장 뒤에 배치한 것이다.

"출판사도 동의했나요?"

당신은 이런 질문을 할지도 모른다. 그건 아니다. 당신도 알다시피 어떤 분야든 일이 처리되는 기본적인 방식이란 게 존재하는데, 출판사도 마찬가지였다. 머리말을 여기 배치한 나의 의도에 편집자는 단칼에 안 된다고 말했다.

편집자들은 하나의 문장 끝에 느낌표를 2개 이상 쓰는 것도 좋아하지 않는다. 그들이 정한 원칙에서 살짝만 벗어나도 눈살을 찌푸리며 짜증을 내고, 중언부언하며 쓸데없이 원고량을 늘리는 행위는 작가가 마감일을 지키지 못하는 것만큼이나 그들의 혈압을 오르게 만든다.

하지만 나의 논리는 아주 간단하다. 나는 글을 통해 독자와 대화를 나눈다고 상상한다. 당신과 내가 같은 방에 있다면 실제로 이런 대화를 나누었으리라고 상상하며 글을 쓴다.

나에겐 당신의 질문이 들린다. 나는 당신의 궁금증을 이해하고, 이따금 당신의 두려움도 느낀다. 당신이 내 말을 들을 수 있다고 상상하기 때문에 자주 말줄임표를 사용하고, 몇 개의 느낌표로 볼륨을 높이거나 말의 속도를 줄이는 방식으로 우리 사이에 다리를 놓으려고 시도한다.

사실 이것은 내가 지면에서 좀 더 큰 목소리를 낼 수 있는 유일한 방법이다. 그럼 머리말이 끝나기 전에 물어보겠다. 당신은 내가 책에서 머리말을 왜 이렇게 엉뚱한 지점에 배치했는지 궁금하지 않은가?

대답은 그리 복잡하지 않다. 앞서 고백했지만, 나는 머리말을 읽은 적보다 건너뛴 적이 더 많고 추천사는 말할 것도 없고 서문이나 해설 부분까지 예사로 건너뛰었다.

그렇지만 나는 우리가 상당히 비슷하다는 사실을 알기 때문에, 내가 이렇게 엉뚱한 곳에 머리말을 배치한 걸 당신이 주의 깊게 생각할 거라고 확신한다.

당신이 지금 머리말을 읽고 있다는 사실에 힘입어, 내가 애초에 편집자를 놀라게 하면서까지 이렇게 시도한 이유를 밝히려고 한다. 나는 '증거'를 제시하고 싶었다. 이는 당신이 투자하는 시간, 거기에 필요한 집중력, 그리고 당신이 수영장이라는 이름의 삶에서 당신이 행하게 될 헤엄이 가치 있을 거라는 확신을 보여주기 위해서다.

내가 하고 싶은 이야기는 이것이다. 당신이 만일 수영장 바닥까지 내려가 도약의 기회를 찾겠다고 마음을 먹는다면, 그럭저럭 훌륭한 결과를 낼 수 있는 상황에서 벗어나 최고의 결과를 만들어낼 기회를 확실하게 얻게 될 것이다.


머리말을 여기 배치한 것은, 틀에 박힌 방법이나 생각에서 벗어난 사고를 할 때 이제까지와는 전혀 다른 결과물이 기다리게 된다는 사실을 당신에게 보여주는 첫 번째 증거라고 할 수 있다.

이 증거가 어떻게 작용하는지를 이해하려면 당신이 현재 머물고 있는 수면보다 더 아래쪽 깊은 어딘가를 주목할 필요가 있다. 수면은 모두가 보이는 곳이다. 수면에는 우리 모두가 잘 아는 논리와 정보가 가득한 곳이다. 하지만 이제 당신은 수면 아래로 내려가려 한다. 그냥 한 번 둘러보는 것에 지나지 않으니 어려울 일도, 무서울 일도 없다. 그저 간단하게 한 걸음 내딛는다고 생각하면 된다.

내가 많은 시간 공들여 쓴 이 책의 머리말 덕분에 모든 저자에게 도전 과제가 생긴다는 점을 생각해보자. 처음에 대다수 작가들은 코웃음을 치며 머리말이 여기에 위치해도 되는지 물을 것이다.

그러나 독자들로 하여금 머리말을 꼭 읽게 만든다는 의도를 가지고 머리말의 위치를 전략적으로 계획하는 일은 이 책의 주제인 수영장의 바닥과 닮았다. 여기서 아론 페리와 케빈 퍼킨스가 나눴던 말을 다시 떠올려보자.

"으음……. 네가 나보다 더 높이 올라간 건 맞는데, 그건……, 으음…… 그건 우리가 평소 하던 방식이 아니잖아. 그렇게 하는 건 부정행위야."

"그래? 그런데 말이지……, 바닥까지 내려갔다가 올라오지 말라는 규칙이라도 있었나?"

그러니 나는 이렇게 말할 수 있다.

"편집자들은 머리말을 항상 책의 시작 부분에 배치하지만, 사실 머리말은 작가가 원하면 어느 곳에든 배치할 수 있지 않나?"

당신이 지금껏 이 책을 붙들고 있다면, 이는 우리의 관계에 아주 좋은 징조다. 지금까지 이 책을 읽어준 당신에게 감사를 표한다. 나는 당신이 이 책을 통해 인생을 바꿀만한 통찰력을 얻기를 바라는 마음으로 지난 몇 년 동안 깨달은 사실을 기록하고 설명하려고 한다.

그렇게 되려면 이 책의 내용이 당신이 계속 책을 붙들고 충분히 생각할 만큼 설득력이 있어야 한다는 사실을 잘 알고 있다. 충분히 생각한다고? 그렇다. 내가 당신에게 진정한 도움을 줄 수 있는 부분은 바로 이것뿐이다.


나는 당신의 삶이 얼마나 복잡한지를 잘 알지 못한다. 지금 당신은 인간관계 때문에 곤란한 문제에 빠졌는가? 현재 하는 일에서 당신이 기대했던 재정 상태에 이르지 못하고 있는가? 당신의 가족이나 친구는 당신이 손댈 수 없을 만큼 당신과 멀어졌는가?

최고의 결과를 이루기 위해 가장 필요한 게 무엇인지 아는 사람은 당신 자신뿐이다. 그래서 충분한 생각이 필요하다고 거듭 말하고 있는 것이다.

머리말을 여기 배치한 것은
틀에 박힌 방법이나
생각에서 벗어난 사고를 할 때
이제까지와는 전혀 다른 결과가
발생된다는 사실을
당신에게 보여주는 첫 번째 증거다.

---

항상 해오던 방식으로 최고가 될 수 없다는 것은 여기까지 오기 전에 이미 알았을 것이다. 성공으로 가는 원칙에 대해, 거기까지 가는 행동의 비밀에 대해 그저 지식으로만 알고 있는 것은 아무짝에도 쓸데없는 일이라는 것도 충분히 이해했을 거라고 생각한다. 엉뚱한 위치에 머리말을 배치한 나의 의도를 알아차렸다면, 이제 당신은 수영장의 바닥으로 가는 티켓을 손에 쥔 것이나 마찬가지다. 이제 바닥을 박차고 물 밖으로 솟구칠 일만 남았다는 얘기다.

남과 똑같은 방법으로는 성공할 수 없다.
진부함을 버리고,
틀에 박힌 방법 따윈 잊어버리고
수영장의 바닥처럼
완전히 다른 방법으로 시도해야
남다른 결과를 얻을 수 있다.

# 06

# 최후의 심판관이
# 당신의 점수를 매기러 올 때

수백 년 전 유럽에서는 판사가 죄인에게 형을 선고하기 전에 특별한 모자를 쓰는 관례가 있었다. 그 당시 판사는 가장 현명한 사람으로 여겨졌기에 사람들은 그를 '위대한 사상가'라 불렀는데, 그들이 대중에게 권위를 나타내기 위해 쓰는 모자가 바로 '생각의 모자thinking cap'였다.

특별한 모자를 쓰면 지혜가 생겨나거나 올바른 답을 제시할 수 있으리라고 정말로 믿는 사람은 없을 것이다. 하지만 많은 사람들이 그 표현을 실생활에서 널리 사용해왔으며, 지금도 여전히 익숙한 구문으로 쓰이고 있다(실제로 'thinking cap'은 '차분히 생각하다', '숙고하다'는 뜻으로 쓰인다 – 역주).

어릴 때, 어머니는 내게 정신 집중이 필요하다고 생각될 때는 꼭 배워야 할 내용이나 풀어야 할 문제를 따로 준비하여 종이에 적어놓고 이렇게 말씀하시곤 했다.

"준비됐니? 좋아, 이제부터는 차분히 생각하면서 시작하는 거야!"

이 말씀은 내가 본격적으로 뭔가를 읽거나 이해하기 전에 일단 시작의 자세를 취하도록 유도하신 것으로, 나에게는 일종의 '생각의 모자'였다.

어머니는 항상 이렇게 말씀하셨다.

"사람들이 진실이라고 말하는 게 진짜 그런지 항상 의심할 수 있어야 한단다."

어머니의 교육 덕분에 나는 세상의 모든 것들에 대해 건전한 의심을 품는 습관을 가지게 되었고, 그것은 곧 끊임없는 호기심으로 발전했다. 이런 습관이 바로 작가로 활동하는 지금의 나를 만들었다고, 자신 있게 말할 수 있다.

몇 년 전부터 나는 보이지 않는 생각의 모자를 쓰고 어려서부터 '절대 의심할 수 없는 진실'이라고 배워온 것들이 얼마나 사실인지를 하나하나 재검토해보는 습관이 생겼다. 그 결과, 놀랍게도 상당수가 진실이 아니거나 과장되었다는 걸 알게 되었다.

여기서 깨달음을 얻은 나는 흔히 '최상의 방법'이라거나 '업계 표준', 또는 '일처리 원칙'이라는 이름으로 만들어진 상식적인 기준 너머에 있을지 모르는 것들을 호기심과 의심을 무기로 해서 조심스레 탐색하기 시작했다.

그런데 이상하게도 내가 그동안 일상적으로 알아온 상식에서는 답을 찾아내는 길을 발견할 수 없었다. 이 사회에 둘러쳐진 고정관념이나 통념의 울타리가 너무도 견고했기 때문이다. 그래서 나는 방법을 한 번 바꿔보기로 했다. 내가 선택한 방법은 '아래쪽'으로부터의 관찰이었다.

보물은 바로 그곳에 있었다. 그냥 눈에 들어오는 대로 보지 않고 완전히 바닥까지 내려간 지점에 이르러서 위를 바라보자 세상을 지배하는 원칙들이 전혀 다른 옷을 입고 내 눈에 들어왔던 것이다.

예를 들어보자. 어른들은 흔히 세상의 모든 일에는 평균치에 해당하는 것들이 있다며 거기에 맞춰 살아가는 게 올바르다고 말한다. 거기에 반하는 행동은 세상이 정한 틀을 깨는 것으로 만약 그런 행동을 하면 즉시 반항아, 또는 이단아로 취급한다.

그러나 그렇게 살면 결국 평균적인 결과만 나올 뿐이다. 그것들은 대부분 그다지 나쁘지 않고 무난하며, 극히 일부는 때때로 '훌륭함'의 범주에 들어가기도 한다. 그런 삶은 우리를 보통의 시민, 모범적인 가장, 무난한 어른으로 만들기에 폭넓게 권장되는 삶의 방식이었다.

그런 삶이 나쁘다고 말하는 게 아니다. 평범하고 무난한 삶이 주는 소박함이야말로 진짜 행복이라고 하지 않던가. 내가 하고 싶은 말은 남다른 성취를 이루려면 평균의 범주를 훌쩍 뛰어넘는 방법으로 도전해야 한다는 것이다. 그저 그런 보통의 도전으로는 오히려 기대 이하의 결과에 그치거나 하찮은 인생으로 추락하기 십상이기 때문이다.

결국 삶을 대하는 태도가 문제다. 그냥 남들처럼 하는 미지근한 태도로는 안 된다. 미국의 작가 그랜트랜드 라이스Grantland Rice가 남긴 말은 그런 의미에서 가슴을 찌르는 명언이다.

"최후의 심판관이
당신 삶의 마지막 순간에
당신의 이름 옆에 점수를 매기러 올 때,
그는 당신이 얼마나 많이
이기고 졌느냐에 대해서가 아니라
당신이 어떻게 경기에 임했는지에 대해
기록할 것이다."

---

세상의 많은 인물들이 엄청난 고난을 딛고 큰일을 이루어냈다. 나폴레옹Napoléon은 젊어서 간질병으로 고생했지만 역사상 가장 큰 업적을 이룬 군인이 되었다. 존 밀턴John Milton은 완전히 실명한 후 가난과 실의 속에 방황하다가 〈실낙원Paradise Lost〉이라는 명작을 썼다. 링컨Abraham Lincoln은 대통령에 당선되어 워싱턴으로 가서 취임 연설을 해야 했는데, 당시 기차표를 사기 위해 다른 사람에게 돈을 꿔야 할 정도로 재정 파탄 상태였다.

그렇다면 우리는 이렇게 생각할 수도 있을 것이다. 이들이 바닥을 박차고 다시 올라가는 삶을 선택하지 않았다면, 지금 우리는 이들을 어떻게 기억하고 있을까?

당신은 지금도 어린 시절의
순박했던 호기심과 의심을 잃지 않고
세상에 끝없이 질문을 던지고 있는가?
물음표가 많은 삶이
느낌표가 많은 일상을 만든다는
사실을 잊지 말자.

# 07

# 상상력은
# 지식보다 낫다

당신의 삶에서 언제나 핵심 포인트는 바로 당신 자신이다. 당신이 이 책을 읽는 이유도 그것을 확인하기 위한 일일 것이다. 물론 어떤 사람은 자기계발을 위해 이 책을 선택했을 수 있고, 전문적인 정보가 필요해서 선택했을 수도 있다. 이유가 무엇이라 해도 핵심은 당신이다.

이제부터 당신이 살면서 행한 결과물들이 그런대로 괜찮은 수준에서 탁월한 수준으로 바뀌려면 어떤 일들이 일어나야 하는지를 알아보려고 한다.

대부분의 사람들은 무슨 까닭에서인지 자신에게 앞으로 일어날 일을 미리 예단하면서 상상력을 차단하고 살아가는 경향이 있다. 이는 자기 삶의 영역에서 더 탁월한 결과를 만들어낼 수 있는 요소들을 스스로 걷어차버리는 것과 같다.

어린 시절의 당신은 그렇지 않았다. 역사의 기록에 남는 위대한 인물이 되겠다는 꿈을 꾸지는 않았어도 아예 상상력의 날개를 접고 평생 비루한 존재로 살겠다고 단정해버리지는 않았다.

행운이란 준비와 기회를 만났을 때 나타나는 것으로, 반대로 말하자면 준비가 없다면 기회도 없다는 뜻이다. 사람은 살아가면서 여러 번의 기회를 만나게 되는데, 준비는커녕 기회가 먼저 손을 내밀어주길 기다리며 하품이나 하고 있다면 어떻게 될까?

준비라는 문제와 관련해서, 우리의 뇌가 어떻게 작동되는지를 말해주는 재미있는 에피소드가 있다. 보통 가정에서 흔히 일어나는 일이다. 주방에서 뭔가를 요리하던 남편이 아내에게 소리쳐 물었다.

"여보, 후추 어디 있지?"

"싱크대 위 양념통들이 있는 곳에 있잖아요."

"안 보이는데."

살짝 화가 난 아내가 단호하게 말한다.

"싱크대 위에 둔 지 한 시간도 안 되었는데 무슨 소리예요?"

이렇게 되자, 남편도 약간 화가 나기 시작한다.

"사실이라니까! 싱크대 위를 샅샅이 훑어봐도 없다니까!"

그러자 아내가 성난 걸음으로 달려와 남편을 밀치고는 싱크대 위로 손을 뻗어 단번에 후추가 들어 있는 통을 집어 들고 남편에게 들이민다. 남편이 무안한 표정으로 그걸 받으며 말한다.

"어, 미안. 내가 못 봤네."


후추를 못 봤다는 남편의 말은 맞는지도 모른다. 당연히 그것은 그의 눈에 들어오지 않았다. 후추가 들어 있는 통이 바로 앞에 있었지만 그에게는 보이지 않았던 것이다. 이때의 상황을 한번 돌이켜보자. 남편의 입이 뇌에게 말한다.

"후추가 없다."

그러면 남편의 뇌가 그의 눈에게 말한다.

"후추는 여기 없다."

그러면 그 순간 이상하게도 남편의 눈은 후추를 보지 못하게 된다. 이것은 그냥 지어낸 이야기가 아니라 심리학에 자주 등장하는 사례로, 우리의 상상력이 어떻게 뇌를 움직이는지 보여준다. 상상력은 눈앞에 있는 것도 보이지 않게 만들 뿐만 아니라 아예 존재하지 않는 것을 보이게 만들 수도 있을 만큼 강력하다는 얘기다.

아인슈타인은 이렇게 말했다.

"논리학은 당신을 A에서 B로 이끌 것이다. 그러나 상상력은 당신을 어느 곳이든 날아갈 수 있게 도와줄 것이다. 상상력은 지식보다 낫다."

지금 알고 있는 지식이 100이라면 상상력은 1,000 이상의 결과를 낼 수 있다고 아인슈타인은 말하고 있다. 그런가 하면 마크 트웨인도 이렇게 말했다.

"상상력이 흐려졌다면, 네 눈에도 의존하지 마라."

지금 당신의 눈에 보이는 것 이상을 보려면 상상력을 동원해야 한다는 일침이다. 나는 당신이 찾는 답이 여기에 숨어 있다고 상상하면서 이 책을 읽어주기 바란다. 당신이 한계라고 생각하는 것들을 스스로의 힘으로 뛰어넘어 이제까지와는 전혀 다른 삶을 사는 것. 나는 이 책이 당신에게 그런 과정의 출발점이 되기를 진심으로 바란다.

기회가 찾아왔을 때를 대비한 준비는커녕
기회가 먼저 손을 내밀어주길 기다리며
하품이나 하고 있다면 어떻게 될까?

---

상상력은 당신을 날아오르게 하는 아이디어의 원천이다. 아이디어로 무장한 당신이 산을 만난다면, 상상력에 기대어 산 밑으로 터널을 뚫거나 산 둘레에 도로를 만들거나 비행기를 타고 단번에 날아갈 수도 있다.

케빈이 수영장의 바닥으로 내려가 그곳을 박차고 오르기로 결심한 것은 그 아이의 머리로 수없이 상상해서 얻은 결론으로, 이 작은 행동이야말로 이 세상의 모든 도전과 발견의 원천이다. 성공을 원한다면 상상력을 통해 새로운 세상을 꿈꾸고, 그곳을 향해 힘차게 걸음을 옮겨라. 행동이 없이는 어떤 성취도 이룰 수 없다.

없다고 말하면 보이지 않는다.
할 수 없다고 말하면 절대 할 수 없다.

# 당신은 왜
# 그런 생각을 하게 되었을까?

"나는 상상력이 별로 없어."

"나는 유머 감각이 형편없어."

만약 당신이 이렇게 말한다면, 당신은 참으로 힘들게 살아가는 사람이라고 할 수 있다. 매일같이 스스로에게 상상력이 없다거나 유머 감각이 형편없다고 말함으로써 스스로 그런 인간으로 살아가게끔 규정하고 있기 때문이다.

지금이라도 그런 굴레에서 벗어나고 싶다면 다섯 살 아이 때로 돌아가라. 그때 당신은 상상력의 힘에 기대어 말도 안 되는 그림을 그리거나 어른들이 예상하지 못한 엉뚱한 말을 하거나 해서 주위를 웃기기도 했다.

그때를 기억한다면, 당신 스스로가 상상력이 별로 없다거나 유머 감각이 뛰어나지 않다고 단정하는 일은 자신에게 하는 거짓말임을 알게 될 것이다. 당신은 왜 그런 생각을 하게 되었을까?

누군가 당신에게 유머 감각이 없다는 말을 했을 수도 있고, 그 말이 유독 당신의 마음에 남았을지도 모른다. 세월이 흐르는 동안 그 말을 들은 기억은 사라졌어도 당신은 스스로에게 유머 감각이 부족하다고 끊임없이 확인시켰고, 결국 그 말을 철썩같이 믿게 된 것이다.

당신에게 그 말은 마치 훈제 고기에 연기가 스민 것처럼 자연스레 스며들었을 뿐이다. 훈제 요리를 해본 사람은 알겠지만, 손에 밴 그 냄새를 없애는 건 쉽지 않다. 손을 아무리 여러 번 씻어도 며칠 동안 냄새가 남아 있다.

연기는 어떤 음식 재료든 맛을 완전히 달라지게 만든다. 마트에서 햄과 훈제 햄을 사보면 알 수 있는데, 같은 종류의 고기라도 훈제 고기의 맛은 완전히 다르다.

이렇게 과거의 어느 시점부터 당신에게 부정적인 뭔가가 연기처럼 스며들었을지 모른다. 처음엔 몇 번 거부하는 몸짓을 보이며 저항을 했겠지만 결국 그 연기에 무릎을 꿇게 되었을지도 모른다. 하지만 더 이상은 안 된다. 당신에게 놀라운 상상력과 뛰어난 유머 감각이 있다는 점을 스스로 반박하거나 의심하지 말아야 한다.

언젠가 다른 사람이 상상력이 부족하고 유머 감각이 떨어진다고 했던 말을 믿었던 것처럼, 지금부터는 그냥 내 말을 들으면 된다. 지금 속으로 '말도 안 돼!'라고 생각한다면, 당신은 그냥 영원히 상상력이 부족하고 재미없는 사람으로 살게 될 것이다.

그러니 마음의 문을 열고, 당신에게 상상력과 유머 감각이 풍부하다는 사실을 인정하라. 당신은 금방 내 말이 맞다는 걸 알게 될 것이다. 그렇게 하는 것만으로도 이 책을 읽은 본전은 충분히 찾은 것이다.

# 08

# 당신은 지금
# 열심히 달리고 있는가?

케빈 퍼킨스와 나는 지금도 절친한 친구로 지내며 종종 연락을 주고받는다. 얼마 전엔 케빈과 그의 아내 글렌다가 우리 집에 와서 저녁식사를 함께했다.

평소처럼 우리는 떠들썩하게 이야기를 나누었다. 많은 사람들이 우리 집에서 함께 저녁식사를 즐기는데, 매번 느끼는 것이지만 유독 케빈과 만나면 내 목소리가 어릴 때처럼 한 옥타브 올라간다는 것이다.

그날도 당연히 어릴 적 우리가 보낸 여름 이야기로 주제가 흘러갔고, 늘 그렇듯이 수영장의 바닥 이야기가 뒤따랐다. 케빈과 나는 만날 때마다 몇 번을 얘기해도 짜릿한 기분인 그날의 사건을 회상했다.

어제의 돌핀 왕 아론 페리가 권좌에서 물러난 일은 우리들에게 마치 나폴레옹이 워털루 전투에서 대패하고 황제의 자리에서 쫓겨난 일만큼이나 역사적인 사건이었다. 우리가 한참 이야기를 나누는데, 케빈의 아내와 나의 아내가 대화에 끼어들었다.

"그동안 100번도 더 들어서 귀에 못이 박힐 정도인 케빈의 신기술을 우리도 수영장에서 직접 시연해봤어요. 그래서 그때의 감격이 어떠했을지 잘 안답니다."

그날 저녁 케빈 부부가 돌아간 후, 나는 반려견 카버를 산책시키기 위해 밖으로 나갔다. 가만히 돌아보면, 케빈이 수영장의 바닥을 박차고 물 밖으로 솟구쳐올라서 아론의 코를 납작하게 만든 일과 거기서 얻는 깨달음은 지금까지 내 삶을 지탱하는 커다란 교훈이 되었다.

어렸을 때 우리는 어떻게든 돌핀 기술을 발전시켜 아론을 이겨보려고 기를 썼었다. 우리는 매일같이 절대 권력자인 아론을 이기는 순간을 마음속에 그려보곤 했지만, 아론은 언제나 경쟁에서의 우위를 빼앗기지 않았고 우월한 신체 조건 때문에 우리보다 훨씬 더 빠르게 성장했다. 그러나 이것이 아론에게는 오히려 커다란 약점이었다. 아론은 자신의 장점만 믿고 새로운 기술을 찾는 노력을 게을리했던 것이다.

　어렸을 때 아론이 그랬듯이 자신에게 주어진 조건만 믿고 현재 위치에 만족하며 성공으로 통하는 계단 위에 주저앉아서, 문이 열리기만을 기다리는 사람들이 있다.

　하지만 알아야 할 게 있다. 그에게 주어진 조건이 당장에는 행운으로 보여도, 인생의 비밀은 그런 행운조차 자칫 한 번의 헛발질로 순식간에 사라질 수 있다는 데 있다.

　반대로 말할 수도 있다. 당신에게 주어진 남루한 조건은 분명 불행한 일이지만, 인생의 비밀은 그런 불행을 털고 일어날 힘과 지혜를 얻을 기회를 얼마든지 찾을 수 있다는 데 있다.


## 여기서, 주목! (1)

　다음에 이어지는 8개의 문단은 나와 함께하는 여정의 우회로와 같다. 당신은 이 우회로를 짧은 휴식시간으로 여기며 느긋하게 읽으면 된다. 만일 이 우회로를 이용하고 싶지 않다면 얼마든지 건너뛰어도 좋다.

1. 이따금 내가 나의 본질, 자아, 나 자신, 그 밖의 나의 모든 것으로부터 빠져나오는 표정을 지으면 아내는 미간을 찌푸리며 내 얼굴 앞에서 손을 흔든다.

2. 아내는 내가 멍때리고 있는 걸로 생각하지만 사실은 서로 결합되면 좋을 듯한 생각의 조각들을 붙잡아 정리하기 위해 잠시 명상에 잠겨 있는 것이다.

3. 나는 아내에게 말한다. 리즈(Reese, 미국의 땅콩버터 초콜릿인 '리즈'를 만든 사람 - 역주) 씨가 한 손에 초콜릿을, 다른 손에 땅콩버터를 들고 얼마나 오랜 기간 지켜보다가 '리즈 초콜릿'이라는 아이디어를 떠올렸을까?

4. 눈이 휘둥그레지며 웃음을 터뜨리는 아내에게 "난 이런 식으로 일해"라고 말하며 표지에 내 이름이 인쇄된 20여 권의 책을 보여준다. 그중에 여러 권은 뉴욕타임스가 선정하는 베스트셀러가 되었고, 몇 권은 전세계 50여 개 나라에서 번역 출간되기도 했다.

5. 아내는 나의 유체이탈 경험에 대한 설명을 들을 때면 잠자코 서서 미소를 머금거나 말도 안 된다며 코웃음을 친다. 나는 아내에게 내 말을 뒷받침하기 위해 이런저런 설명을

늘어놓다가, 돌아서는 아내를 보며 설득이 실패했음을 인정한다. 그것은 이따금 차를 몰고 퇴근하다가 우리 집 앞을 한참 지나쳐가는 이유를 설명하지 못하는 것과 같다.

6. 그뿐만이 아니다. 나는 고속도로를 빠져나와 자동차에 기름을 넣고는 무심코 목적지의 반대 길로 진입해서 70마일 정도를 계속 달리다가 뒤늦게 잘못되었음을 알아차린 적도 있다.

7. 나는 1년 내내 여러 기업과 팀을 위해 '통찰력'에 관한 강의를 한다. 그런 내가 우리 집 거실의 가구 배치가 다시 되어 있다는 사실을 한 달 동안 알아차리지 못한 적이 있으니 참으로 웃기는 일이다. 때때로 일상에서의 통찰력이 형편없이 결여된 나를 보고 아내는 이해할 수 없다는 듯이 머리를 흔들곤 한다.

8. 다른 사람들의 눈에는 내가 멍때리는 것처럼 보일지 모르지만, 그 순간 나는 열심히 작업을 하고 있는 것이다. 나는 그 시간 동안 어떤 질문에 대해 아직은 누구도 알아내지 못한 답을 찾는다고 생각한다. 오랜 생각 끝에 마침내 색깔이 다른 전선의 끝을 움켜잡은 뒤에야 나는 돌파구를 찾았음을 깨닫는다. 그 전선에 다른 색깔의 전선을 연결하면 이제 어둠을 밝힐 수 있다. 진리를 찾든 성공의 방법

을 찾든 세상 이치가 그렇지 않은가. 탐색과 연결 말이다. 하지만 우선 무엇과 무엇이 연결이 가능한지 여부를 먼저 확인해야 한다. 그것이 바로 성공으로 가는 첫걸음이다.


## 여기서, 주목! (2)
### 앞의 여덟 문단을 건너뛴 독자들을 위한 글


나의 반려견 카버가 목줄을 잡아끌었다. 그제야 나는 한 자리에 너무 오랫동안 서 있었다는 걸 깨달았다. 다시 발걸음을 내딛을 때 제일 먼저 든 생각은 이것이었다. 아론은 지금 어디서 무엇을 하고 있을까?

그러면서 나는 또 생각했다. 만약 어린 시절 우리가 탐닉했던 돌핀 게임이 전 세계로 퍼져 나가 올림픽 정식 종목이 되었더라면 어떻게 되었을까? 세상에는 돌핀 게임에 탁월한 선수, 잘하는 선수, 평범한 선수, 못하는 선수, 초보자 등 제각기 다른 실력의 선수들이 존재할 것이다.

상상의 세계 속에서, 돌핀 게임에 참여하는 세계적 수준의 선수들이 무수히 생겨났음에도 아론이 단연 무패 행진을 이어

가는 모습이 연상되었다. 그는 어른이 되어서도 항상 남다른 실력으로 시합에 임하는, 최고 중의 최고로 인정받는 독보적인 존재다.

독보적인 존재라고? 우리는 남이 따를 수 없을 만큼 홀로 뛰어난 사람을 그렇게 부른다. 아론 페리는 의심할 필요 없이 그런 존재였다.

그쯤에서 나는 또 생각했다. 만일 돌핀 게임이 올림픽 정식 종목이 될 정도로 대중화되었다면 곳곳에 돌핀 기술을 가르치는 강습소가 생기고, 관련 도서들이 출간되고, 온라인 강좌도 개설되어 젊은이들 사이에서 인기를 누렸을 것이다.

그런 때 아론은 어떻게 할까? 그는 필시 어디에도 기웃거리지 않을 것이다. '내가 이미 최고인데, 누가 나에게 기술을 가르칠 수 있지?' 그는 그렇게 코웃음을 칠 것이다.

그렇다. 아론만큼 돌핀 게임에 대해 많이 아는 사람은 없었다. 아론은 그 게임의 모든 기록을 보유한 진정한 챔피언이었다. 적어도 케빈 퍼킨스가 바닥으로 향할 때까지는 그랬다.

그러나 역사는 바뀌었고, 한때 세상을 압도하던 그는 권좌에서 내려와야 했다. 우리는 그때 어제까지 아론 페리에 대해 너무 분명했던 모든 진실들이 더 이상 사실이 아니라는 걸 알게 되었다.

우리 주위엔 그런 사람들이 의외로 많다. 비즈니스 세계에서 어제까지 판매왕이었던 사람이 언젠가부터 슬럼프에 빠지기 시작하더니 끝내 평범한 세일즈맨으로 전락하는 경우 말이다. 스포츠 세계에서도 마찬가지다. 장래가 촉망되는 선수가 언젠가부터 제 실력을 발휘하지 못하고 방황하더니, 어느 날 팬들의 기억에서 사라지는 경우도 꽤 있다. 왜 이런 일이 일어나는 것일까?

물론 그들에게 갑자기 닥친 불운 때문일 수도 있고, 저마다의 비밀스런 사정이 있을 수도 있다. 하지만 대중들로부터 환호와 박수를 받는 현재에 만족하며 어느 순간 긴장감과 간절함을 잃어버린 경우가 더 많지 않을까?

이는 단순히 스포츠나 비즈니스의 문제에 국한되지 않는다. 이것은 인생이라는 게임을 대하는 태도의 문제다. 당신이 이 게임에서 패배자가 되고 싶지 않다면 반드시 이 질문을 가슴에 새겨야 할 것이다.

"당신은 지금 얼마나 열심히 살고 있는가?"

그에게 주어진 조건이
당장에는 행운으로 보여도,
인생의 비밀은 그런 행운이 언젠가는
한 번의 헛발질로 인해
순식간에 사라질 수 있다는 데 있다.

---

나는 젊은 시절 한때 영국 작가 알란 실리토Alan Sillitoe의 대표작
인 《장거리 경주자의 고독Loneliness of the Long Distance Runner》
에 있는 문장 하나를 밤낮으로 암송하며 가슴에 새기곤 했다. 지
금도 뭔가 일이 잘 풀리지 않을 때면 어김없이 들춰보는 그 문장
은 다음과 같다.

"나는 크로스컨트리 장거리 주자의 고독이 무엇인지 알고 있다.
누가 무슨 말을 하든 그가 느끼는 고독감이야말로 내게는 세상에
서 유일한 성실이고 현실이며, 결코 변함없는 실제 사건이다. 내
가 알아야 할 것은 그가 왜 달리느냐가 아니라 열심히 달리지 않
으면 안 된다는 사실뿐이다."

나는 항상 나 자신에게 묻곤 했다. 나는 지금 열심히 달리고 있는
가? 지금 이 시간 당신에게 묻고 싶은 말도 이것이다. 당신은 지
금 열심히 달리고 있는가?

당신을 둘러싼 많은 것들이
변했다고 한탄하지 말고,
당신이 그대로인 것을 한탄하라.

# 09

# 우리가 정말
# 알아야 할 모든 것은

미국 작가 로버트 풀검Robert Fulghum은 베스트셀러《내가 정말 알아야 할 모든 것은 유치원에서 배웠다 All I Really Need to Know I Learned in Kindergarten》에서 이렇게 썼다.

"그때 나는 의미 있는 삶을 위해 꼭 필요한 것을 내가 이미 알고 있다는 걸 깨달았다. 그것이 그다지 복잡하지 않다는 사실도 알게 되었다. 나는 이미 오랫동안 알고 있었다. 그러나 아는 것과 아는 대로 사는 것은 다른 문제다. 그렇다. 어떻게 살 것인지, 무엇을 할 것인지, 어떤 사람이 될 것인지에 대해 내가 정말 알아야 할 모든 것을 나는 유치원에서 배웠다."

내가 이 글에 깊이 공감하는 이유는, 어린 시절을 생각할 때마다 그때의 일들이 어른이 된 후의 삶과 아주 많이 연관되어 있다는 사실 알게 되었기 때문이다. 그때 우리의 일상을 지배하던 모든 원칙들을 어른이 되어서 돌아보니 모두 세상을 움직이는 삶의 원칙이고 진실이었다.

그 당시 수영장을 비롯한 여러 공간에서 이런저런 경쟁을 계속하던 아이들은 저마다 자기 자리에서 최선을 다하며 각자의 능력을 최대한 발휘했다고 믿었다. 우리는 어떻게 게임을 하는지 알고 있었고, 자신의 신체적 한계도 알았다. 그래서 각자의 능력 안에서, 그리고 가능한 방법 내에서 최선의 결과를 냈다고 믿으며 하루하루를 보냈다.

하지만 돌아보니 그게 아니었다. 우리는 스스로가 정한 한계 안에서 노력을 했을 뿐, 실제로는 최선을 다하지 않은 것이었다. 우리가 진짜 최선을 다하기 시작한 것은, 돌핀 게임의 승자가 되기 위해 수영장 바닥까지 내려가야 한다는 사실을 깨달았을 때였다.

이전의 돌핀 게임에서는 저마다 할 수 있는 한도에서 최대한 세게, 빠르게, 효율적으로 발을 차고 몸을 뻗고 손과 팔을 휘저었지만, 이것만으로는 자신의 진정한 잠재력을 발휘하지 못한다는 걸 알게 되었다. 주어진 조건에만 고분고분 순응해서는 결코 나의 한계를 뛰어넘지 못한다는 사실을 온몸으로 실감했다. 나는 세상의 벽에 부딪칠 때마다 정말 알아야 하는 모든 것들을 어린 시절 수영장에서 배웠던 것이다.

돌핀 게임은 우리의 인생과 닮은 점이 아주 많다. 만일 당신과 내가 누군가에게 이렇게 묻는다고 가정해보자.

"당신은 능력의 한계 안에서 최선을 다하고 있나요?"

그러면 아마도 이런 대답이 대부분일 것이다.

"그럼요, 당연하죠!"

어쩌면 이 대답은 사실일 것이다. 그렇다면 곧이어 이런 질문을 던진다고 해보자.

"당신은 가능한 방법 안에서 최선을 다하고 있나요?"

가능한 방법이라고? 그게 뭐지? 그 사람은 혼란스러운 표정으로 답을 찾지 못할 가능성이 높다. 왜 그럴까? 자신의 능력 안에서 최선을 다하는 사람들, 특히 자기 분야에서 최고라고 손꼽히는 사람들은 자신이 이미 통달한 영역 이외에 다른 영역이 존재한다는 사실을 인식하지 못하기 때문이다.

그 사람이 무슨 일을 얼마나 잘하는지, 무엇을 얼마나 멋지게 창출하는지, 얼마나 가치 있는 존재인지, 얼마나 높이 올랐는지……. 누군가를 평가할 때, 우리는 이러한 측정 개념에 따라 그가 어떤 사람인지를 판단한다. 그가 이뤄낸 성취와 어느 지점에 와 있는지를 말해주는 '위치'가 그 사람을 평가하는 기준점이라고 생각하는 것이다.

그러나 나는 나이를 먹어가면서 평균적인 사람들이 정한 이런 기준에 점점 의문을 품게 되었다. 그들이 말하는 기준이 어쩌면 우리 능력에 한계를 짓는 건 아닐까? 어느 수준에 이르면, 거기까지라고 우리 자신을 규정하는 한계 말이다.

자기에게 주어진 환경이나 조건의 한계를 무시하고 아무 일에나 무턱대고 도전하라는 얘기가 아니다. 나는 어떤 일을 하면서 스스로 한계를 정해놓고 도전의 의욕을 갉아먹는 사람들을 볼 때마다 안타까운 마음을 지울 수 없다.

'당신은 가능한 방법 안에서 최선을 다하고 있는가?' 이 말의 진정한 의미는 자기에게 부여된 능력을 얼마나 발휘하고 있는지를 묻는 것이다. '당신은 마음속의 목표를 이루기 위해 할 수 있는 모든 것을 하고 있는가?'라고 말이다.

자신의 능력 한도 내에서
최선을 다하는 사람들 가운데,
특히 자신의 분야에서
최고로 손꼽히는 사람들은
자신이 이미 통달한 영역 외에
다른 많은 영역이 존재한다는 사실을
인식하지 못하고 있다!

---

인생의 길은 여러 가지 갈래로 나뉘어 있고, 거기에도 수없이 많은 골목길과 우회로가 있다. 무심코 어느 골목길로 들어섰는데 나중에 알고 보니 목표했던 지점과는 전혀 다른 곳으로 통할 수도 있고, 길을 잘못 드는 바람에 멀찌감치 돌아가게 될 줄 알고 실망했는데 알고 보니 지름길이었음을 알게 될 때도 있다.

나는 지금 목적지에 가장 빨리 도달하는 길을 찾아내는 행운에 관한 이야기를 하고 있는 게 아니다. 인생을 살면서 지금 자신이 어디쯤 가고 있는지 제대로 알고 있는 사람은 많지 않지만 우리는 이미 유치원에 다닐 때 배우지 않았던가?

"길에서 만나는 갖가지 위험 요소들, 즉 깊은 웅덩이, 바퀴 자국, 우회로 등은 당신이 제대로 길을 가고 있다는 증거다. 진짜 염려해야 할 때는 크고, 넓고, 쉬운 길을 가고 있음을 깨달았을 때다."

당신은 당신이 할 수 있는
최선의 한계를 알고 있는가?
그 최선이 진정한 최선인지는
꼭 다시 생각해보자.

상상력을 넘어 상상하기
자기만의 삶의 기준을 세웠는가?
자기만의 특별한 공간
요리하다가 문득 깨달은 것들
토마토를 먹는 용기
저 푸른 수평선 너머에 있는 것들

Part 3

세상에서 토마토를
제일 먼저 먹은 사람

# 10

# 상상력을 넘어
## 상상하기

월트 디즈니Walt Disney는 열여덟 살 때 만화가로 일했던 첫 직장 〈캔자스 시티 스타The Kansas City Star〉 신문사에서 상상력이 부족하고 독창성이 결여돼 있다는 이유로 해고되었다. 〈캔자스 시티 스타〉는 미국에서도 손꼽히는 최대 규모 언론사 중 하나로, 어니스트 헤밍웨이도 젊은 시절에 여기서 신문기자 생활을 했다.

나중에 월트 디즈니가 어떤 인물이 되었는지를 잘 아는 우리로서는 그가 다른 것도 아닌 상상력과 독창성 부족을 지적받으며 해고되었다는 사실을 좀처럼 납득하기가 힘들다.

월트 디즈니가 잘한 일은 자신의 삶이 다른 누군가의 뜻에 따라 좌우되도록 내버려두지 않았다는 데 있다. 정작 상상력이 부족한 사람은 편집장이었다. 그는 매일 아침 사무실 문을 열고 들어오는 한 젊은이의 잠재력를 알아보는 상상력이 부족했던 것이다.

그는 어떻게 디즈니의 능력을 알아보지 못했을까? 우리는 여기서 거대 신문사의 편집장조차 알아보지 못했던 디즈니의 잠재력을 알기 위해 수영장 바닥으로 내려가 볼 필요가 있다.

나는 1919년 디즈니가 해고당할 때, 누구도 이 젊은이를 사무실 한가운데 세워놓고 이렇게 말하진 않았을 거라고 생각한다.

"자네는 상상력이 부족하고 독창적이지도 않아! 그러니 당장 해고야."

그 대신 이런 대화가 전개되었을 가능성이 아주 높다.

"으음…… 월트, 여기 좀 앉지. 으음…… 내가 안 좋은 소식을 좀 전해야겠네. 우선 내가 이 결정을 내리는 데 무척 힘들어했다는 점을 알아주게. 〈캔자스 시티 스타〉의 모든 직원들도 자네의 능력과 그간의 노력을 인정했다는 점을 꼭 말해주고 싶네. 하지만 유감스럽게도 이 업계에서는 그런 노력만으로는 충분하지 않을 때가 있다네. 〈캔자스 시티 스타〉에 실리는 자네의 만화는 분명 최고지만, 문제는 결과가 썩 좋지 않았다는 사실이라네."

편집장은 잠시 숨을 고르며 감정을 추스르고는 이렇게 말을 이어갔을 것이다.

"듣기 힘든 말이겠지만, 우리는 자네를 내보내기로 했네. 다시 한 번 유감의 뜻을 전하네. 하지만 자네에게 이번 결정의 긍정적인 측면을 말하자면, 나이 든 사람보다 자네처럼 젊은 사람이 환경을 바꾸기가 훨씬 쉽다는 점이지. 여기서 환경을 바꾼다는 말은, 쉽게 말해서 다른 업계로 이직하라는 뜻이지. 나는 자네가 이 업계의 방식을 제대로 이해하지 못한다고 생각해왔네. 다시 말하지만 자네의 노력은 칭찬받아 마땅해. 다만 문제는, 자네의 작품이 기본에서 한참 벗어나 있다는 것이라네."

편집장은 디즈니의 반응을 한 번 살피고는 긴 이야기의 종지부를 찍었다.

"나는 자네에게 이 업계에서 성공하는 데 필요한 상상력이나 독창성이 부족하다고 보네. 난 자네가 앞으로 다른 업계로 진출해서 최고가 되기를 바라네."

편집장이 말하는 이야기의 골자는 이렇다.

(1) 직원들은 디즈니의 노력을 인정한다.

　- 해고 사실을 기분 나쁘지 않게 전하려는 시도.

(2) 디즈니가 업계에서 통용되는 일의 방식을 이해하지 못한다.

　- 그의 작업이 직원들의 눈에는 현실과 동떨어져 보인다는 설명.

(3) 디즈니에게는 상상력과 독창성이 부족하다.

　- 해고의 진짜 사유.


상상력과 독창성에 관한 한 인류 역사상 첫 손가락에 꼽히는 월트 디즈니가 이런 말을 들었다는 게 잘 납득되지는 않지만, 사실 이런 일은 누구에게나 생길 수 있다. 사람을 평가하는 기준은 사람마다 다를 수 있기 때문이다.

일단 (1)을 보자면, 디즈니는 하루아침에 해고 통보를 받았는데 그때까지 살면서 그런 말을 한 번도 들어보지 못했을 것이다. 가난한 집안에서 태어나 힘든 유년기를 보낸 그에게 그림은 유일한 취미였고, 사람들은 그의 기발한 상상력에 칭찬을 아끼지 않았다. 그랬으니 어린 나이에 〈캔자스 시티 스타〉 같은 신문사에 만화작가로 채용되었을 것이다.


(2)로 넘어가보자. 디즈니가 업계에서 통용되는 일의 방식을 이해하지 못한다는 말은 오늘날에도 참신한 아이디어에 대한

거부감을 합리화하거나 다른 가능성을 회피할 때 흔히 쓰인다.

누군가에게 일을 가르치거나 수정을 요구할 때 '이렇게 진행하면 됩니다!' 같은 단정적인 말을 하면, 이는 사람들에게 '업계 표준' 또는 '최상의 방법'이니 하면서 동그랗게 원을 그리며 선혜엄을 치도록 명령하고 있는 것과 다름없다.

직원들에게 최선의 방법이 적힌 책자를 나눠주거나 업계 표준이라며 '일하는 방식'을 충실히 알려주는 리더는 직원들에게 특대형 구명조끼를 입히고 있는 것과 같다.

그렇게 되면 직원들은 수영장의 수면에서 '안전제일'을 외치며 무난하게 일할 뿐 절대 새로운 시도를 하지 않을 것이다. 다시 말해서 더 높이 도약할 수 있는 수영장 바닥으로는 절대 내려가려고 하지 않는다는 얘기다.

편집장이 디즈니가 업계에서 통용되는 방식을 이해하지 못하고 기본에서 한참 벗어났다고 말한 것은 〈캔자스 시티 스타〉가 월트 디즈니라는 젊은이를 세상 물정 모르고 트렌드에 한참 뒤떨어진 괴짜로 판단했다는 얘기다. 편집장은 분명히 디즈니에게 이렇게 말했을 것이다.

"이봐, 뭐라고? 말하는 쥐라고? 아니, 그게 말이 돼?"

여기서 말하는 '말하는 쥐'는 월트 디즈니가 27세 때인 1928년 11월, 뉴욕 콜로니 극장에서 개봉한 세계 최초의 유성 애니메이션 〈증기선 윌리Steamboat Willie〉로 데뷔한 '미키 마우스'를 말한다.

미키 마우스는 태어난 지 90년이 지난 오늘날까지 디즈니 캐릭터 산업 수익의 50퍼센트를 차지할 만큼 슈퍼스타다. 디즈니는 미키 마우스를 처음 선보이며 미국인들에게 이렇게 말했다.

"꿈을 꿀 수 있다면, 당신은 그것을 이룰 수 있습니다. 이 모든 것이 아주 작은 생쥐 한 마리에서 시작되었다는 사실을 항상 기억하세요."

사실 편집장이 디즈니에게 한 말, 즉 그가 업계 표준에 맞는 작품을 만들어내지 못한다는 이야기는 부인할 수 없는 사실이었다. 하지만 문제는 편집장이 눈에 보이는 사실 너머에 존재하는 진실을 전혀 보지 못했다는 점이다.

편집장은 자신의 임무를 완수했을 뿐이었다. 당시 〈캔자스 시티 스타〉의 주주들은 열여덟 살짜리 어린 직원의 존재를 몰랐기에 그가 해고된 사실조차 알지 못했고, 설령 알았다 해도 그 결정에 이의를 제기하지는 않았을 것이다. 편집장은 업계 표준에 맞는 결과를 생산해내는 회사의 능력을 계속 유지할 뿐이었고, 그로 인해 자신의 자리도 그럭저럭 보전할 따름이었다.

하지만 월트 디즈니는 달랐다. 그에겐 애초부터 '무난한 평균' 같은 건 염두에 없었다. 그는 자신의 상상력을 바탕으로 업계 표준을 뛰어넘어 새로운 시도를 하도록 자신을 끊임없이 몰아세웠다.

결론적으로 월트 디즈니에게 〈캔자스 시티 스타〉에서의 마지막은 다른 모든 것의 시작이었다. 해고는 그에게 일어난 그 어떤 일보다 좋은 일이었다. 그리고 그리 오래 지나지 않아 월트 디즈니 자신과 세상 모든 사람들이 이 사실을 알게 되었다. 멀리서 이런 광경을 지켜본 편집장의 심정은 어떠했을까?

디즈니가 업계 표준에 맞는
작품을 만들어내지 못한다는 이야기는
부인할 수 없는 사실이었지만,
문제는 편집장이 눈에 보이는
사실 너머에 존재하는 진실을
전혀 보지 못했다는 점이다.

---

20세기의 레오나르도 다빈치라 불릴 만큼 순수예술, 건축, 디자인부터 어린이를 위한 그림책 등 다양한 장르에서 큰 업적을 남긴 이탈리아의 시각디자이너 브루노 무나리Bruno Munari는 이런 말을 했다.

"오로지 일이나 공부만 하고 놀지 않으면 바보가 된다."

잘 놀고 잘 쉬고 때때로 멍때리는 시간을 가져야 상상력과 창조력이 나올 여백이 생긴다는 뜻이다. 그는 또 이런 말도 했다.

"창조력이나 상상력은 신의 은총이나 타고난 천재의 전유물이 아니다. 그것은 자기 안의 상상력을 묶고 있던 무형의 사슬을 뜯어 없앰으로써 누구나 쉽게 다가갈 수 있다."

이 말은 당신을 향한 일침이기도 하다. 지금 당장 당신의 상상력을 차단하는 무형의 사슬을 해체하라!

"꿈을 꿀 수 있다면,
당신은 그것을 이룰 수 있습니다.
이 모든 것이 아주 작은 생쥐 한 마리에서
시작되었다는 사실을 항상 기억하세요."

# 11

# 자기만의 삶의 기준을
# 세웠는가?

내 삶에서 최고 우선순위는 아내와 두 아들이다. 글을 쓰고 강연을 하는 게 직업인 나의 일정은 1년 내내 꽉 차 있다. 나는 1년 단위로 기업과 계약을 맺고 강의를 하거나 연구에 참여하는데, 강단에 섰을 때나 인터뷰할 때에는 이런 사실을 밝히지 않는다.

더욱이 관련된 일을 찾는다는 광고를 홈페이지나 다른 SNS 플랫폼에 게재해 알린 적도 없다. 다만 나는 외부 활동을 하면서 다음 세 가지 기준이 충족되는지를 꼭 확인한다.

1. 새로운 일과 그에 따른 인간관계가 나의 가정생활에 지장을 주지 않아야 한다.
2. 내가 상대방을 좋아할 수 있어야 한다. 1년 내내 까다롭거나 무미건조한 사람들과 일하기엔 인생이 너무 짧다.
3. 그리고 나만의 기준에 들어야 한다(무슨 비밀스런 기준인지는 이 장의 마지막에 밝히겠다).

나는 살아가면서 이런 사명을 마음속에 늘 품고 있다.

"사람들이 어떻게 살아야 하는지를 알고, 그렇게 살아갈 수 있도록 돕는 것이 내 삶의 목표다."

따라서 나에겐 따로 허비할 시간이 없다. 나는 조직의 리더들과 대화를 나누고 그들이 자신의 삶에서 진실로 지혜를 구하고 있는지를 알아내려고 부단히 노력한다. 다음은 내가 그들에게 항상 물어보는 질문들이다.

- 당신은 뭔가를 배우기 위해 다른 사람의 말에 귀를 기울이려는 노력을 충분히 하고 있는가?
- 당신은 세상의 무엇이든 배움의 대상이 될 수 있다는 점을 알고 있는가?
- 당신은 마음이 열려 있는가, 그렇다면 얼마나 열려 있는가?

- 당신은 적극적인 상상력과 호감 가는 유머 감각을 가지고 있는가?
- 당신은 이미 성취한 최고 수준 그 이상이 있다는 걸 생각해본 적이 있는가?
- 당신은 얼마나 멀리 생각할 수 있는가?
- 당신은 진실을 발견하기 위해 지금 알고 있는 사실을 기꺼이 뛰어넘을 수 있는가?

이러한 조건이 충족되지 않으면, 다시 말해서 위에 열거된 질문에 하나라도 응답하지 못하는 리더에게 나는 시간을 허락하지 않는다. 여기에 더해서, 내가 어떤 리더나 기업에 도움을 줄 수 있는지를 결정하는 비밀의 기준은 바로 이것이다.

"그들은 나와 함께 수영장 바닥으로 내려갈 수 있는가?"

당신은 이 책을 읽으면서 내가 말하는 수영장의 바닥이 단순히 말 그대로의 '바닥'이 아니라는 걸 알았을 것이다. 그것은 새로운 도전을 시작할 때 반드시 눈여겨봐야 하는 곳, 남들은 눈여겨보지 않지만 사실은 매우 중요한 핵심 지점을 말한다.

여기서 중요한 것은 '남들은 눈여겨보지 않는다'는 점이다. 어쩌면 너무 하찮거나 시시하다는 이유로, 아니면 원칙이나 표준의 틀에서 한참 거리가 있어 외면하게 되는 것을 말한다.

하지만 거기가 바로 수영장의 바닥이다. 나와 함께하려는 사람들이 이러한 나의 철학에 동의하지 않거나, 동의는 하지만 별로 중요하게 여기지 않는다면 나는 절대 사절이다.

당신이 찾는 '기회'라는 보물창고는 멀리 있지 않다. 숨을 한 번 크게 쉬고, 현재 발을 딛고 서 있는 곳 아래로 내려다보라. '지금'이라는 시간과 '현재'라는 공간은 온전히 당신의 것이다. 바로 거기가 당신이 도전을 시작할 '수영장의 바닥'이다.

'사람들이 어떻게 살아야 하는지를 알고,
그렇게 살아갈 수 있도록 돕는다.'
- 이것이 인생의 목적이기에,
나에게는 따로 허비할 시간이 없다.

---

누구나 어떻게 살고 싶은지를 정하는 게 중요하다. 하지만 그보다 어떻게 살고 있는가는 더 중요하다. 앞의 문장은 미래에 관한 것이지만, 후자는 현재의 문제이기 때문이다.

현재를 안전제일로 무난하게 살아가면서 남다른 미래를 원한다면 말이 안 된다. 남다른 미래는 수영장 바닥까지 내려가는 도전과 모험 뒤에 얻게 되는 열매다. 따라서 하루하루 살아가는 일에 큰 의미를 두지 않는다면 당신이 꿈꾸는 미래는 오지 않는다.

항상 생각하고 매 순간 최선을 다해야 한다. 스스로 현재에 안주하고 있는 것은 아닌지, 자신의 능력에 한계를 정해놓은 것은 아닌지 끊임없이 물어보는 삶의 기준을 만들어라.

"수영장의 바닥이 궁금하지 않나요?"
이 질문에 "수영은 물 위에 뜨는 것 아닌가요?
왜 바닥으로 내려가야 하죠?"라고 되묻는다면
지금 당장 이 책을 덮어도 좋다.

# 12

# 자기만의
## 특별한 공간

어린 시절에 나는 여름 방학이면 온종일 수영장에서 시간을
보냈다면 봄이나 가을이 오면 우리 집 뒤에 있는 숲으로 모험
을 떠나곤 했다. 인적이 드문 그 숲은 나무를 베어낸 뒤에 생긴
여러 개의 공터가 있어 나만의 요새를 만들기에 최적의 장소
였다.

요새를 만드는 일은 간단했다. 커다란 구덩이를 파고 그 위
에 합판을 끌어다 덮으면 끝이었다. 방수가 되지 않는다는 단
점이 있었지만, 곰이나 늑대 같은 동물로부터 나를 보호해주었
기에 은신처로는 아주 제격이었다.

나는 거기에 과자나 음료수 같은 먹을 것을 감춰놓기도 했는데, 그러면 이따금 친구들이 찾아와 함께 나눠먹을 수 있어 좋았다. 처음엔 친구들이 찾아와주는 게 좋았다. 다른 아이들한테는 없는 것을 소유했으니 그들이 부러운 눈으로 쳐다볼 때면 어깨가 절로 으쓱해졌다.

하지만 먹을 것을 계속 조달하는 게 쉬운 일이 아니었다. 주방에서 자꾸 음식이 없어진다는 걸 눈치 채신 어머니로부터 꾸지람을 듣기 시작했고, 그 횟수가 늘어나면서 시급히 대책을 마련해야 했다.


그래서 나는 땅속 요새를 포기하고 나무 위에 집을 짓기로 했다. 무성한 잎사귀에 가려 땅에서 쉽게 보이지 않는 그 공간은 나무 위의 집이라기보다 참나무 가지 사이에 엉덩이를 붙일 만한 널빤지를 깔아놓은 것에 불과했다.

나는 지상에서 4미터 정도 높이에 위치한 그곳을 나 자신을 위한 혼자만의 쉼터로 사용했다. 그곳에서 나는 이런저런 생각을 하며, 책을 읽거나 낮잠을 자기도 했다.


그러다 우리 집이 다른 도시로 이사를 가게 되었다. 체중도 키도 부쩍 커지고, 근처에 혼자 머물 만한 숲도 없었기에 나는 다시는 나무 위의 집을 만들지 못했다.

그 대신 나는 집 주변을 산책하며 생각에 잠기거나 집안의 조용한 곳에서 책을 읽으며 지냈다. 그러면서 나는 장소에 상관없이 필요할 때면 언제 어디서든 사색의 공간을 만들 수 있다는 사실을 알게 되었다.

셜록 홈즈Sherlock Holmes는 그런 공간을 '두뇌의 다락방', 또는 '기억의 궁전'이라 불렀다고 한다. 셜록에게 그곳은 과거의 기억을 분류하고, 그를 바탕으로 현재의 미스터리를 해결하는 공간이었다. 셜록 홈즈는 이런 말을 했다.

"자네는 눈으로 보기는 해도 관찰을 하지 않아. 보는 것과 관찰하는 것은 전혀 다르지. 삶의 진실은 대부분 관찰을 통해 발견된다는 사실을 잊지 말게."

어쩌면 나는 그 시절에 셜록이 말하는 '관찰'을 하고 있었는지도 모른다. 내 앞에 펼쳐진 삶에 대해, 나에게 성큼 다가오는 미래에 대해, 그리고 무엇보다도 나 자신에 대해.

지금 생각해보면, 내 삶에 대한 원칙과 철학은 그 시절의 독서와 사색을 바탕을 만들어졌다. 그때 접하고 알게 된 지식들로 미래에 어떤 사람이 될지를 구체적으로 구상할 수 있었으니 말이다. 일주일에 두세 권씩 책을 읽은 후 독후감을 쓰고, 그리고 그것을 다른 사람들에게 전하면서 나는 내게 글 쓰는 능력이 있다는 것을 알게 되었다.

특히 무엇보다 귀한 시간은 사색이었는데, 나는 미래의 나를 공상하는 게 제일 좋았다. 참으로 신기한 일은, 그때 내 마음속에 떠올랐던 미래의 내 모습이 지금의 나와 너무도 닮았다는 것이다. 결국 나는 그 시절 마음속에 뿌리내린 내 인생의 미래 지도를 따라 걸음을 옮겨왔다는 얘기다.


당신도 혼자만 아는 사색의 공간을 만들기 바란다. 그곳이 꼭 타인의 눈에 띄는 물리적 공간일 필요는 없다. 집안 어디라도 좋고, 당신의 마음속 깊은 곳이면 더 좋다. 방법은 간단하다. 우선 두 눈을 감고, 크게 심호흡을 하자. 그런 다음 마음속에 있는 공간의 외양과 색깔을 정하고 마음껏 장식하자.

그곳은 언제든 이용 가능한 당신만의 공간이다. 정해진 시간표대로 이용할 필요도 없다. 언제 어디서든 들어가서 조용한 평화를 느끼다 보면 내면에 숨어 있는 당신만의 특별한 잠재력이 고개를 드는 순간이 올 것이다.


잠재력의 사전적 의미는 '겉으로 드러나지 않고 속에 숨어 있는 힘'이다. 그렇다는 것은 누구도 자신의 잠재력이 얼마일지 알 수 없다는 얘기다.

시계 바늘처럼 주어진 일만 하면서 수동적으로 살아간다면 자기 안에 잠재력의 금맥이 어느 정도인지 알 수 없다. 대부분의 사람들이 그렇게 살다가 인생의 종착역에 다다른다. 하지만 그런 삶은 마치 수영장의 수면 위에서 물장구를 치거나 튜브에 의지한 채 선헤엄을 치는 데 만족하는 모습과 다름없다.

자신만 아는 사색의 공간을 만들기 바란다.
그곳은 타인의 눈에 보이는
물리적 공간일 필요는 없다.
집안 어디라도 좋고,
당신의 마음속 깊은 곳에 만들어둘 수도 있다.

---

인생은 한 번뿐이다. 자기 잠재력의 최대치를 끌어내어 삶의 지평을 넓혀야 인생의 후반전에 이르렀을 때 제대로 살았다는 생각이 들 것이다. 그러기 위해서는 어떻게 해야 할까? 무엇보다 먼저 스스로 정한 한계를 무너뜨려야 한다.

어떤 사람은 입버릇처럼 "나는 안 돼"라는 말한다. "내가 그렇지 뭐"라고 스스로를 깎아내리는 사람도 있다. 무슨 일이든 스스로 한계를 정해놓고 그 지점에 이르면 발걸음을 멈추는 사람에게 성공하는 삶이 뒤따를 리 없다. 앙드레 지드는 말한다.

"사람은 누구나 경탄할 만한 잠재력을 가지고 있다. '모든 것은 내가 하기 나름'이라고 끊임없이 자기 자신에게 말하자. 그러면 어느 순간 잠재력은 자연스레 눈을 뜨고 스스로에게 놀라운 결과를 내놓을 것이다."

"자네는 눈으로 보기는 해도 관찰을 하지 않아.
보는 것과 관찰하는 것은 전혀 다르지.
삶의 진실은 대부분 관찰을 통해 발견된다는
사실을 잊지 말게."

# 13

# 요리하다가 문득
## 깨달은 것들

우리 가족은 일주일에 한두 번 테라스에서 식사를 한다. 등장하는 음식은 피자, 야채, 빵, 고기 등 다양한데 이때 중요한 점은 내가 직접 요리를 한다는 것이다. 우리 아이들은 성년이 된 지금도 이 시간이 제일 기다려진다고 말한다.

　문제는 요리 도구다. 우리 집엔 가스 그릴이 없다. 사람들은 야외에서 요리할 때 주로 가스 그릴을 이용하는데, 어떤 도구보다 요리하기가 간편하고 간수하기도 쉽기 때문이다. 하지만 나는 오래전 어느 날 그것을 더 이상 사용하지 않기로 결단을 내렸다.

그것을 없애기로 결정한 날이 떠오른다. 그때 나는 두 아들과 테라스에 있었는데, 내가 버튼을 돌려 프로판 가스를 점화시키려고 할 때 여섯 살짜리 막내아들 애덤이 이렇게 물었다.

"아빠, 그거 제가 해봐도 돼요? 가스레인지랑 켜는 방법이 똑같던데……"

그 말을 할 때, 애덤은 아직 버튼에 손을 대지는 않았다. 애덤은 자신이 나이가 어려 그 일을 하는 데 허락이 필요하다는 걸 알았던 것이다. 하지만 나는 허락하지 않았고, 그 길로 마음속 수영장 바닥을 향해 헤엄을 쳤다.

그곳에 머문 것은 불과 몇 초 밖에 되지 않았지만, 나는 그때까지 편리하게 사용해왔던 가스 그릴을 당장 처분해야겠다고 결심했다. 내가 걱정한 것은 오작동으로 인한 사고였다. 실제로 당시 신문에는 점화 버튼을 너무 강하게 돌렸다가 가스 그릴이 폭발했다는 뉴스가 종종 보도되고 있었다.

애덤이 어른들 모르게 가스 그릴을 작동시켰다가 사고가 일어나는 광경 머릿속에 맴돌았다. 애덤은 유난히 호기심이 많아 장난감이나 전기기구를 해체해서 엉망으로 만들어놓는 일이 잦았다. 그래선 안 되지!

예전에 우리 부모님은 야외에서 요리를 할 때면 숯을 쌓아 올리고, 그 위에 휘발유를 뿌린 다음 불이 붙은 성냥을 던지셨다. 그런데 가끔은 어머니의 눈썹이 타는 불상사가 일어나는 바람에 저녁식사로 바베큐 대신 햄버거를 먹어야 하는 일도 있었다. 그래도 그때의 풍경은 내 어린 날의 기억 중에서도 가장 따뜻한 추억 중 하나로 남아 있다.

숯불을 이용해서 요리를 하는 것은 무척 번거로운 일이었다. 요리를 마친 다음에도 뒤처리를 비롯해서 주변에 지저분하게 널려 있는 재를 치우는 일도 꽤나 번거로운 일이었다. 그런 판국에 새로 등장한 가스 그릴은 거의 기적에 가까웠다. 버튼 하나만 딸깍하고 돌리면 불이 자동으로 켜지니 누구나 이것을 사용할 수밖에 없었다.

내가 가스 그릴을 처분하겠다고 결심한 데에는 아이들한테 위험하다는 이유 말고도 또 다른 특별한 까닭이 있었다. 가스 그릴로는 어릴 적 어머니가 숯불 위에 석쇠를 얹고 해주셨던 요리의 맛을 따라잡지 못하기 때문이었다.

가스 그릴을 이용한 요리는 아무리 애를 써도 어딘지 모르게 풍미가 떨어졌지만, 숯불은 달랐다. 석쇠 틈 사이로 고기 기름이 뚝뚝 떨어져서 뻘겋게 달아오른 숯이 지지직 소리를 내면 자동적으로 군침이 돌았고, 그 뒤에 먹는 고기 맛은 더할 나위 없이 최고였다.

어머니가 능숙한 솜씨로 고기를 구워내면 우리는 앞다퉈 입에 넣기 바빴다. 나는 어머니를 떠올릴 때마다 이 광경이 가장 먼저 떠오른다. 숯불과 석쇠는 어머니와 나를 잇는 연결고리인 셈이다.


나는 어제도 천연 숯이 담긴 자루에서 필요한 양만큼의 숯을 꺼내 불을 붙이고는, 예전에 어머니가 하시던 방식 그대로 석쇠에 고기를 얹었다. 이제는 어른이 된 아이들이 저마다 자기가 고기를 굽겠다고 자청하지만 나는 나에게 주어진 권한을 포기하고 싶지 않다.

우리 집을 찾는 사람들은 편리한 가스 그릴을 마다하고 매번거롭게 숯과 석쇠를 이용해서 고기를 굽는 나를 이상한 눈으로 바라보지만, 나는 전혀 개의치 않는다.

먼 훗날 우리 아이들이 내 나이가 되었을 때, 내가 석쇠 위에 고기를 올려놓던 어머니를 기억하듯이 그렇게 나를 기억해주지 않을까? 그때 어머니가 해주셨던 말씀들이 내 인생을 인도하는 지팡이가 되었듯이 내가 아이들에게 해주는 말들이 삶을 지탱하는 나침반이 되지 않을까?

우리 아이들이 내 나이가 되었을 때,
내가 석쇠 위에 고기를 올려놓던
우리 어머니를 기억하듯이
그렇게 나를 기억해주지 않을까?

---

어머니는 내 삶을 언제든 수영장의 바닥까지 내려갔다가 올라오도록 응원하고 격려하는 분이셨다. 젊은 시절 내가 지치고 힘든 상황에 부딪쳐 갈피를 잡지 못하면, 어머니는 가만히 손을 뻗고는 이렇게 말씀하시곤 했다.

"지금 네가 보고 있는 것이 전부는 아니란다. 그러니 문제로부터 몇 발짝 떨어져서 눈앞에 있는 것의 다른 면을 볼 줄 알아야 한다. 한참을 보고 또 보노라면 해답을 발견할 수 있단다. 그것을 우리는 통찰이라고 부르지."

어머니의 이 말씀은 내 가슴에 또박또박 새겨져서 내 삶을 이끄는 좌우명이 되었다.

그때 어머니가 해주셨던 말씀들이
내 인생을 인도하는 지팡이가 되었듯이
내가 아이들에게 해주는 말들이
삶을 지탱하는 나침반이 되지 않을까?

# 14

# 토마토를 먹는
## 용기

인간은 언제부터 소금을 먹었을까? 소금은 인간의 생명과 밀접한 관계를 갖는 광물 자원으로, 인류가 소금을 이용하기 시작한 것은 기원전 6000년경으로 추정된다.

인류가 유목생활을 하던 시대에는 고기를 먹음으로써 그 속에 들어 있는 염분을 자연스럽게 섭취할 수 있었지만 농경사회로 전환되면서 식생활은 점차 곡류나 채소 위주로 바뀌었고, 별도로 소금을 섭취할 필요가 생겼다.

소금의 짠맛은 음식의 풍미를 향상시키기 때문에 요리에 절대적으로 필요하다. 하지만 당신이 만일 소금을 한 번도 먹어본 적이 없다면, 즉 소금이 존재한다는 사실을 알지 못한다면 그래도 소금 생각이 간절할까? 당연히 아니다. 여전히 당신은 음식을 별 생각 없이 먹을 것이다. 왜냐하면 당신의 입맛은 염분이 없는 음식에 특화되었기 때문이다.

소금의 필요와 역할에 대해 말할 때마다 나는 이렇게 생각하곤 한다. 만일 내가 수영장 바닥까지 내려가기로 결정하지 않았다면 어떻게 되었을까? 다시 말해서 사실과 진실 사이의 차이점을 살펴보는 일을 시작하지 않았다면 진실을 향한 나의 발걸음은 그리 간절하지 않았을 테고, 그 결과 나는 아주 중요한 것을 놓쳤을 것이다.

여기서 말하는 '중요한 것'이란 자기 스스로 인식하지 못한 잠재력을 의미한다. 그 잠재력의 끝에는 우리가 생각지도 못한 성과가 기다리고 있다. 그곳은 진실을 알아내고자 하는 용기와 끊임없는 시도를 통해야 도달할 수 있는 곳으로, 흔히 우리가 '최고'라고 부르는 영역이다.

정말로 소금 없는 세상을 상상해보자. 인간은 본능적으로 짠맛을 원하기 마련인데, 소금이 없다면 그곳에 사는 사람들은 뭔가 부족하다고 느끼며 불만을 터뜨릴까?

그렇지 않을 것이다. 왜냐하면 그들은 소금이 존재하지 않는 세상에서 살아왔기 때문이다. 아무도 소금을 보았거나 맛본 사람이 없으니 소금이 없다고 해서 사람들은 불안해하지 않는다. 소금이라는 존재를 모르니 짠맛이라는 미각에 대한 지식도 전혀 없을 테니 말이다.

그런데 소금이 결핍된 세상에 어느 날 소금이 도입되었다고 상상해보자. 사람들은 이제 소금이 들어간 음식을 선호할까? 당연하다. 그들은 이전에 생선을 보존하던 방식, 즉 밖에서 햇볕에 말리는 것보다 소금을 활용하면 훨씬 더 생선을 오래 보존할 수 있다는 사실을 알게 될 것이다. 그리하여 사람들은 깨닫게 될 것이다. 소금 없는 세상도 살 만하지만 소금이 있는 세상이 훨씬 더 낫다는 사실을 말이다.


당신은 토마토를 좋아하는가? 유럽에는 '토마토가 빨갛게 익으면 의사 얼굴이 파랗게 질린다'는 속담이 있다. 잘 익은 토마토가 의사들의 수입을 줄어들게 할 정도로 몸에 좋다는 뜻이다.

하지만 한때 북유럽과 아메리카 원주민들은 몸에 좋지 않은 성분이 있다는 이유로 토마토를 기피 식물로 취급했었다.

실제로 강아지나 소들이 토마토를 먹고 죽는 일이 빈번했다고
한다.

물론 토마토에 독성이 있다는 사실은 오늘날까지도 의심의
여지가 없는 사실로 남아 있다. 아직 익지 않은 푸른 토마토에
는 약한 독성을 띠는 '토마틴tomatine'이라는 성분이 함유되어
있고, 덜 익은 토마토에는 감자의 싹에 있는 독성분과 같은 '솔
라닌solanine'이 들어 있다. 솔라닌은 식중독을 일으키는 독성분
으로 자칫하면 복통이나 설사를 야기하고, 심하면 전신마비를
불러일으키기도 한다.

토마토의 줄기와 초록색 앞에는 미량의 독성까지 존재해 노
약자가 대량으로 먹을 경우엔 목숨을 잃는 경우도 간혹 있다.
이런 사실들에도 불구하고 우리는 어떻게 토마토를 먹기 시작
했을까?

1820년 미국의 육군 소령 로버트 존슨Robert Johnson은 토마
토에 독성이 있다는 인식을 완전히 바꾸어놓았다. 그때까지 사
람들은 토마토가 위험한 식물이라며 아예 입에 대지도 않았는
데, 존슨이 이런 상식을 단번에 무너뜨린 것이다.

존슨은 수천 명의 군중들 앞에서 바구니에 담긴 잘 익은 토

마토를 차분하게 먹기 시작했고, 사람들은 존슨이 죽기를 기다렸지만 그는 멀쩡히 살아남았다. 어떻게 된 일일까? 그는 사실과 진실의 사이의 차이점을 알아챈 것이었다. 말하자면 그의 행동은 수영장의 바닥까지 내려가 사람들 사이에서 당연하게 받아들여졌던 상식의 이면을 뒤집어보인 것이었다.

오늘날에도 과학자들은 가령 아메리카 원주민들이 어떤 질병에 뛰어난 효능을 보인다고 말하는 약초에 대해 순순히 그 효능을 인정하기에 앞서 현미경을 들이대며 측정하고, 분해하고, 분석하고, 입증하는 과정을 거친다.

그러나 원주민들은 오래전부터 단순한 감각만으로 그것을 인지하고 거리낌 없이 약용으로 써왔다. 그들에게 효능을 알아보는 기구 같은 건 없었지만, 어떤 약초에는 과학의 힘으로도 감지하기 어려운 성분이 있음을 알아차렸던 것이다. 그들은 이를 '직관'이라 불렀다.

아메리카 원주민들만이 아니다. 전 세계의 오지에 사는 원주민들은 과학적인 도구나 의학 교과서에 등장하는 이론을 배우지 않아도 여러 식물들이 가지고 있는 치유 성분을 찾아내어 자손 대대로 사용해왔다. 과학자들은 이를 '시행착오의 학습'

이라는 말로 설명한다.

"맨 처음에는 어느 원시 부족이 나무껍질이나 이파리를 가지고 시험을 해봤을 것이다. 날것으로 먹어보거나 조각조각 찢어보거나 구워보거나 하다 보니 마침내 약효가 있는 것들을 발견하게 되었을 것이다."

하지만 나는 이 의견에 동의할 수 없다. 남아메리카 대륙에 광범위하게 퍼져 있는 댕댕이덩굴과의 어떤 식물에는 '쿠라레curare'라는 성분이 포함돼 있는데, 화살촉에 발라 사냥을 하면 목표물에 치명적인 피해를 입히는 독극물로 작용한다.

그런데 이 쿠라레는 일반적인 독과는 다르다. 쿠라레가 묻은 화살에 맞은 사냥감들은 근육 이완으로 몸을 움직이지 못한 채 질식해 죽게 된다. 하지만 이렇게 잡은 동물의 살을 음식과 함께 섭취할 때에는 쿠라레가 위액에 쉽게 분해되어 독에 중독될 위험이 거의 없다. 이런 식물의 효능을 어떻게 시행착오만으로 알 수 있었을까?

아마존의 또 다른 원주민들은 인체에 극히 치명적인 맹독을 함유한 뿌리채소를 주식으로 삼기도 한다. 그것을 먹기 위해서는 껍질을 벗겨 잘게 빻아 가루로 만든 다음 물에 넣었다가 완전히 수분을 제거하고, 다시 건조시킨 후에 물에 풀어서 요리해야 한다. 그래야 독이 제거되어 안전하다.

이렇게 복잡한 과정을 시행착오를 거쳐 알았다는 건 말이 되지 않는다. 설령 그랬다 하더라도 이렇게 어렵고 복잡한 과정을 참을 만큼 이 뿌리채소가 매력적인 먹거리도 아니다. 이 또한 '직관'이라는 말밖에는 달리 표현할 길이 없다.

여기서 주목할 것이 있다. 최초로 소금을 먹은 사람, 토마토가 위험하지 않다는 걸 보여주기 위해 대중들 앞에서 직접 먹을 용기를 낸 사람, 쿠라레 성분을 화살촉에 바르면 사냥이 손쉬워진다는 사실을 처음 알아낸 원주민들, 맹독을 함유한 뿌리채소를 요리로 만들기 위해 매우 복잡한 조리 과정을 거쳐야 한다는 사실을 발견한 아마존의 원주민에겐 공통점이 있다.

바로 눈에 보이는 사실 이면에 도사린 진실을 만나기 위해 세상의 밑바닥까지 내려갔다는 것이다. 그런 시도가 있었기에 오늘을 사는 우리들은 아무 의심 없이 토마토를 먹고, 요리를 하면서 소금으로 간을 쳐서 풍미를 더한 음식을 즐길 수 있게 된 것이다.

눈에 보이는 사실 이면에 도사린
진실을 만나기 위해
세상의 밑바닥까지 내려가는 용기가
당신을 진정한 승리자로 만들 것이다.

---

성공을 원한다면 시도하고, 또 시도하라. 목표를 정하고, 어쨌든 열심히 시도해야 한다. 실패자란 성공에 대해 공상만을 일삼았거나 막연히 성공의 순간이 오기를 기다린 사람이다. 다른 사람의 시도로 많은 것을 알게 되었다고 해도 먼저 시도해서 결과를 얻은 그 사람보다 못한 결과를 얻게 될 것이다. 그 순간에도 자신만이 할 수 있는 시도를 시도하라. 그 끝에는 당신만을 위한 결과가 기다리고 있을 것이다.

확신은 있지만 용기가 없어
실행에 옮기지 못하는 경우가 있다.
이것은 시도하지 않는 것보다 더 비겁한 경우다.
진정한 용기는
확신이 아니라 시도하는 것이다.

# 15

# 저 푸른 수평선 너머에
# 있는 것들

이 책(원서)의 부제는 '탁월한 결과를 얻기 위해 당신의 한계를 뛰어넘어 생각하라Thinking Beyond Your Boundaries to Achieve Extraordinary Results'이다.

'~너머'라는 의미의 'beyond'는 인종 너머, 국경 너머처럼 좋은 뜻으로 쓰이는 단어다. 영화 〈레인 맨Rain man(1988)〉에 등장하는 〈푸른 수평선 너머Beyond the blue horizon〉라는 노래는 가수 루 크리스티Lou Christie의 대표작으로, 그 가사는 이렇다.

"저 푸른 수평선 너머로 아름다운 날이 기다리고 있어요. 나를 지겹게 하던 것들이여, 이젠 안녕. 즐거움이 나를 기다리고 있어요."

'beyond'는 이렇듯이 지금은 내게 없지만 내 삶의 현재를 넘어서는 곳 어딘가에 꼭 있을 것 같은 희망을 마음에 품게 하는 단어다. 당신은 마음속의 푸른 수평선 너머에 무엇이 기다리고 있다고 믿는가? 아니, 그보다는 마음속에 푸른 수평선 같은 희망을 품고 있는가?

하지만 마음속 깊은 곳에 숨어 있는 희망을 잡기 전에 우선 당신이 반드시 넘어야 할 게 있다. 바로 '기존의 틀 밖outside the box'이라는 공간이다. '기존의 틀'이란 흔히 고정관념, 편견, 아집, 통념 등의 다른 말로 대체되곤 한다.

나는 오래전부터 통념의 틀을 깨는 문제를 연구해온 전문가로서 지난 몇 년 동안 이상한 경향을 목격해왔다. 그것은 사람들이 기존의 틀 밖에서 생각하는 걸 스스로 자랑스러워한다는 점이다.

여기저기에서 기존의 틀을 깨라는 말이 유행처럼 번지고, 이 문제에 관한 강의도 빈번히 행해지고 있다. 기업, 조직, 팀, 교회, 지역사회, 이웃, 심지어 가족 사이에도 기존의 틀 밖에서 생각하라는 말이 성공한 인생을 위한 하나의 원칙처럼 이야기되고 있다.

이때도 어김없이 등장하는 단어가 'beyond'다. 새로운 트렌드를 창출하는 참신한 아이디어는 진부한 고정관념 '너머'에 존재한다는 말도 있을 만큼 'beyond'는 빈번하게 사용되고 있다.

그런데 만일 정말로 모든 사람이 기존의 틀 밖에 있게 되면 어떤 일이 벌어질까? 오히려 모두가 서 있게 된 그 밖의 공간이 또 하나의 '틀'이 되지 않을까?

'기존의 틀 밖'이라는 의미를 남들과 다르게 생각하거나 경쟁자보다 조금 앞서 생각하는 것으로 가정하고, 당신이 그 틀 밖에서 생각하는 5퍼센트에 해당한다고 하자. 이제 주위 사람들이나 당신의 성공을 본 사람들은 당신을 따라 틀 밖으로 나오기 시작할 것이다.

하지만 많은 사람들이 기존의 틀 밖에 있는 공간으로 몰려나갈수록 그들이 내는 결과는 최초의 5퍼센트에 속했던 사람들이 낸 결과와 점점 비슷해질 것이다.

그러면 최초로 기존의 틀 밖에 있던 사람들을 따르던 이들이 점점 그들 바로 옆에 나란히 서 있게 되면서 예전엔 없었던 현재의 방식이 가장 올바르다는 생각에 빠져들게 된다. 또 하나의 고정된 관념이 만들어지는 것이다.

대표적인 예를 들어보겠다. 대학교 미식축구계는 100여 년의 역사를 지나오면서 해마다 다양한 규정 변화가 일어나는데, 축구팀들은 물론이고 팬들도 새로 생기는 룰에 자연스레 녹아들게 된다. 여기서 경기 중간에 사용되는 작전 타임에 대해 생각해보자.

작전 타임은 주심이 경기를 멈추는 호루라기를 불 때 시작된다. 이때 코치가 상대팀의 의표를 찌르는 새로운 전략을 전달하는데, 이 시간이 끝나면 선수들은 땅바닥에서 몸을 일으켜 스트레칭을 하거나 잠시 숨을 돌리고는 스크리미지 라인(line of scrimmage, 미식축구에서 골라인과 평행한 가상의 선이면서, 경기를 시작할 때 지면에 공을 두는 접선 – 역주) 쪽으로 향한다.

이때 사이드라인에 있던 코치들은 한두 명의 교체 선수를 경기장으로 내보낸다. 그런 후 코치들은 경기장에 11명의 선수들이 모두 나와 있는지 확인한다. 선수들은 스크리미지 라인으로 돌아가기 전에 다 함께 모여 방금 전 작전 타임에서 전달받은 새로운 전략을 재차 확인하면서 결의를 다진다.

마침내 선수들이 자기들의 포지션으로 달려 나가면, 쿼터백(quarterback, 전력 전술을 지휘하는 공격팀의 리더 - 역주)은 자신의 공격팀 진영을 세밀히 살펴보고, 마지막으로 맞은편 수비팀의 대형을 확인한다.

이제 시작이다. 쿼터백이 가운데로 움직이며 자기 팀에게 아까 전달된 작전을 재확인하는 신호를 보내면 공격팀의 센터가 쿼터백에게 공을 넘기는 스냅snap이 이루어진다.

지난 수십 년 동안 이 과정은 평균 32초가 걸렸다. 이는 마치 하나의 불문율처럼 누구도 의심하지 않고 지켜진 시간이었다. 그런데 2010년, 문제가 생겼다. 여기에 이의를 제기하는 사건이 일어난 것이다.

2007년에 오리건 덕스Oregon Ducks 팀의 공격 코치로 영입된 칩 켈리Chip Kelly는 2009년에 수석 코치로 임명되었는데, 이듬해인 2010년부터는 작전 타임을 완전히 없애겠다는 결단을 내렸다.

무슨 뜻인가 하면, 별도의 작전 타임을 사용하는 시간을 없애고 사이드라인에서 사전에 약속된 신호를 이용해서 작전을 지시하는 방법으로 바꾸겠다는 것이었다. 그는 시합 도중에 일어나는 선수 교체까지 없애면서 경기와 경기 사이의 시간을

23.2초로 줄여버렸다.

이제까지 모두에게 익숙한 32초에서 23.2초로 줄었다는 것은 오리건 덕스가 상대팀보다 약 8.8초 더 빠르게 경기를 진행한다는 뜻으로, 그만큼 상대팀에게 여유를 주지 않겠다는 얘기였다. 경기 진행이 매우 빠르고 전략 전술이 변화무쌍한 미식축구에서 이 정도의 시간 단축은 엄청난 변화였기에 상대팀이 정신을 못 차릴 것은 당연한 일이었다.

그 덕분에 오리건 덕스는 무적의 강팀으로 급성장했고, 얼마 지나지 않아 23.2초는 모든 팀의 평균이 되었다. 심지어 2010년 시즌에 오리건 덕스는 경기와 경기 사이에 9.9초만 사용한 시합도 있을 정도로 경기 진행을 빠르게 몰아붙였다.

상대팀들은 무척 혼란스러워했다. 대학 미식축구 역사상 코치가 뭔가 다른 시도를 한다면, 대개는 선수들에게 잠시 숨 돌릴 시간을 주기 위해 경기 시간을 의도적으로 늦추는 작전이었지 이처럼 시간을 줄이는 경우는 처음이었다.

하지만 이 작전 덕분에 오리건 덕스의 상대팀들은 체력적으로나 정신적으로 쓰러지기 일보 직전까지 떠밀릴 수밖에 없었고, 야드 체인(볼이 전진한 거리를 측정하는 기구 – 역주)을 제때에 이동시키지 못하는 심판들은 오리건 덕스 홈팬들의 심한 야유를 받아야 했다.

문제는 칩 켈리가 분명 정해진 규정 내에서 그러한 전략을 세웠는데도 모든 사람의 눈에는 마치 오리건 덕스가 기존의 틀 밖으로 나간 것으로 보였다는 점이다. 그렇다, 그들은 분명 기존의 틀을 무너뜨렸다.

그 후 오리건 덕스와 똑같은 공격 전략을 쓰는 팀들이 늘어났고, 이제 이런 상황에 누구도 더 이상 놀라지 않게 되었다. 기존의 틀을 깨뜨린 칩 켈리의 도전이 누구도 의심하지 않는 상식이 되어버린 것이다. 오리건 덕스는 칩 켈리가 떠나고 6년 동안 수석 코치가 세 차례나 바뀌었지만 새로 생긴 '기존의 틀'을 깨지 못하고 있다.

모든 사람이 기존의 틀 밖으로 나간다면,
이는 실제로 기존의 틀 밖에 있는 사람이
아무도 없게 되는 것과 같다.

---

사람들은 누군가의 새로운 시도에 감동하고, 자신도 그렇게 하려고 맹목적으로 뒤따른다. 하지만 무조건 뒤따르기만 하면 자신이 어디까지 왔는지 분간하지 못하는 상황에 이르게 된다.

그러면 또 다른 사람을 따라가기 바빠지고, 평생을 그렇게 방황을 거듭하며 살게 된다. 틀 밖으로 나간다는 것은 자신의 틀을 정확히 아는 것부터 시작된다는 점을 잊지 말자.

지금 당신이 고집하는 틀은 무엇인가? 절대로 바꿀 수 없다고 생각하며 전가의 보도처럼 감추고 있는 통념이 있다면, 'beyond'라는 말의 의미 그대로 당신의 생각 너머에 있는 것을 찾아보기 바란다. 어쩌면 거기에 당신이 찾고 있는 무엇이 있지 않을까?

당신은 마음속의 푸른 수평선 너머에
무엇이 기다리고 있다고 믿는가?
아니, 그보다는
마음속에 푸른 수평선 같은
희망을 품고 있는가?

어느 정비공의 계산법
보이지 않지만 더없이 명백한 것들
쓰레기 더미에서 일어선 억만장자
영리한 사람과 현명한 사람
이미 정해진 사실을 의심하라
눈앞에 약속의 땅이 있다

## Part 4

문제를 피하는 건
잡초를 피하는 것과 같다

# 16

# 어느 정비공의
## 계산법

오래전 일인데, 채 1분도 안 되는 시간 동안 일을 하고 1만 달러를 받아낸 정비공이 있었다. 어느 제조업체의 공장에서 실제로 일어난 일이다. 수십 명의 인부들이 작업하는 그 공장의 한복판에는 전체 조립 라인을 작동시키는 거대한 기계 하나가 우뚝 서 있었다.

어느 날 아침, 이 회사의 사장은 그 기계가 고장 나는 바람에 공장의 다른 기계들이 모조리 멈추었다는 소식을 받았다. 공장에 도착한 사장은 공장장이 이미 정비 기술자를 불렀다는 이야기를 들었다. 공장에서 자동차로 1시간 거리에 있는 작업실에서 일하는 그는 이 지역에서 제일 유능한 정비 기술자로 알려져 있었다.

마침내 기술자가 도착했다. 공장장으로부터 자초지종을 들은 그는 의미심장한 미소와 함께 가방에서 손잡이가 긴 펜치를 꺼내들고는 높은 의자를 기계 쪽으로 잡아끌었다.

그는 의자 위로 올라서서 볼트, 레버, 파이프, 밸브, 전선 등이 복잡하게 얽힌 기계 안쪽을 한참 동안 들여다보았다. 그러다가 펜치를 든 손을 머리 위로 뻗었다. 그는 펜치를 천천히 움직이더니 뒤엉킨 노란색 파이프 뒤에 있는 작은 육각형의 나사에 갖다 대었다.

그는 질끈 눈을 감고 나사를 조심스럽게 반 바퀴 돌렸다. 그러고는 잠시 멈추고 기다렸다가 다시 조금 더 돌렸다. 그러기를 서너 차례 반복했을까, 그가 눈을 뜨고 펜치를 떼어냈다.

"이제 작동시켜 보세요."

그가 말했고, 공장장이 즉시 그 말에 따랐다. 순간, 기계가 굉음을 내며 돌아가기 시작했다. 그가 작업한 시간은 1분도 안 되는 짧은 시간이었지만, 덕분에 최대한 빨리 기계를 작동시킴으로써 손실을 최소화할 수 있게 되었다.

여느 때처럼 조립 라인이 움직이기 시작하자 노동자들은 저마다 제자리로 달려가서 작업을 재개했다. 사장이 흡족한 표정을 지으며 기술자에게 다가갔다.

"얼마를 드리면 되겠습니까?"

기술자가 미소를 지으며 대답했다.

"1만 달러입니다, 사장님."

사장이 사색이 되어 물었다.

"그건 너무 터무니없잖소! 딱 1분 손을 봤을 뿐인데! 당신이 한 거라곤 기껏해야 나사 하나를 돌린 것뿐이잖소!"

사장은 흥분했지만, 기술자는 차분했다.

"사장님께서 원하신다면 청구 내역을 보여 드리겠습니다."

그는 가방에서 청구서 용지를 꺼내 능숙한 손놀림으로 내용을 적고는 사장에게 건넸다.

"제 사무실 정보는 맨 아래 있으니 거기로 송금하시면 됩니다."

그러곤 기술자가 조용히 물러났다. 사장이 청구서를 보았다. 거기엔 이렇게 적혀 있었다.

## 청 구 서

| | |
|---|---|
| 나사 한 개 돌리기 | $5 |
| 어떤 나사를 돌려야 하는지 알고,<br>돌리는 방향을 알고,<br>얼마나 돌려야 하는지 알고 있음 | $9,995 |
| 총액 | $10,000 |

도움을 드릴 수 있게 해주어 감사드립니다.

사장은 회계 직원을 불러 당장 송금하라고 지시했다. 이 이야기의 교훈은 무엇일까? 간단하다. 분명 당신도 답을 알고 있을 것이다.

그가 작업한 시간은 1분 정도였지만
최대한 빨리 기계를 작동시킴으로써
손실을 최소화할 수 있게 되었다.

---

한 가지를 안다고 다 아는 것이 아닌 것처럼 한 가지를 몰라도 다
모르는 것과 같을 수도 있다. 중요한 한 가지를 자기 것으로 만들
기 위해 꼭 쓸모가 있을지 없을지 모르는 수없이 많은 것들을 알
아야 하고, 그 모든 지식과 정보를 자기 것으로 만들어야 한다.
그래야 가장 중요한 한 가지를 내 것으로 만들 수 있다.

당신이 받는 재정적 보상은
타인을 위해 창출하는 가치와 관련이 있다.
그 가치를 높이는 것도,
낮추는 것도 모두 당신의 몫이다.

# 17

# 보이지 않지만
# 더없이 명백한 것들

당신이 여기까지 읽었다면, 스스로 인정하든 그렇지 않든 당신은 성공하고 싶은 열망이 매우 큰 사람이 분명하다. 당신은 무엇에 성공하고 싶은가? 어떤 사람은 축구 시합에서 이기고 싶어 하고, 누군가는 다른 사람들의 마음을 얻고 싶어 한다. 어떤 사람은 비즈니스에서 성공하고 싶어 하고, 누군가는 하루하루 무탈하게 살아가는 평범한 삶을 원한다.

어떻게 답을 찾을 수 있을까? 다시 말해서 어떻게 목표 지점에 이를 수 있을까? 이 물음에 대한 답을 찾는 일은 매우 어려워 보이지만, 사실은 의외로 단순하다. 왜냐하면 답은 당신의 마음속에 이미 존재하기 때문이다.

문제에 부딪치면 버릇처럼 꽁무니를 빼는 사람들이 있다. 그들은 처음부터 당당히 문제에 직면했더라면 진즉 찾았을 해답을 손에 넣지 못하고, 오히려 그 때문에 오랜 세월 온갖 불이익을 감수하며 살아간다. 인디언 속담에 이런 말이 있다.

"문제를 피하는 건 잡초를 피하는 것과 같다."

문제가 점차 커지게 내버려두면 결국엔 삶의 모든 영역이 잡초로 뒤덮이게 된다는 말이다. 잡초로 뒤덮인 인생을 피하려면 때맞춰 제거해야지 미루거나 회피해서는 감당하기 힘들 만큼 문제를 키울 뿐이다.

그런가 하면 자신이 해야 할 일을 딱 그것만 하는 사람들이 있다. 그들은 수영장의 물 위에 떠 있기 위해 반드시 해야 할 일에만 자신의 행동 범위를 한정한다. 그들은 그저 물 위에 떠 있을 수만 있으면 그것으로 만족한다.

그런 의미에서 나는 자신의 삶에 대해, 그리고 그런 삶을 선택하는 자신의 마음에 대해, 끊임없이 의문 부호를 던져야 한다고 생각한다. 나는 우리 삶에서 가장 중요한 말을 꼽으라면 '왜?'라는 한 마디를 선택하겠다. 우리를 행복이나 성공으로 이

끄는 것은 '왜?'라는 질문으로부터 시작하니 말이다.

"왜 나는 지금의 위치에 만족할 수 없는가?"

"왜 나는 남들이 가지 않는 길을 가려고 하는가?"

"왜 나는 더 높은 곳으로 가지 않으면 안 되는가?"

케빈 퍼킨스는 우리들 모두가 주어진 조건에 어떻게 하면 순응할지를 궁리할 때 스스로에게 '왜?'라고 물었다. 돌핀 게임을 하면서 왜 물밑까지 완전히 내려갔다가 바닥을 차고 오르면 안 되는 거지? 아론 페리가 하는 대로 해서는 절대 그를 이길 수 없는데 왜 무조건 같은 방식대로 따라야 하지?

자기 자신에게 훌륭한 질문을 던질 때, 궁극적으로 인생을 바꿀 수 있는 지혜를 찾게 된다는 점을 잊지 마라. 그러니 명심해야 한다. 당신이 찾아낸 답의 질은 당신이 던진 질문의 질에 따라 결정된다는 사실을 말이다.

이 말은 우리의 일상으로 옮겨도 적용할 수 있다. 우리는 어떤 상품이나 서비스를 더 값싸게 구입할 수 있는데도 가끔은 애써 고생을 하고 더 많은 돈을 주면서 구매하는 경우가 있다. 왜 우리는 그렇게 상식에 어긋나는 행동을 할까?

이유는 간단하다. 그로 인해 얻게 되는 것들이 보통의 선택보다 훨씬 더 크고 많고 가치 있기 때문이다. 다음의 이야기에 귀를 기울여주기 바란다.

반다벤더스 약국에서 약을 사면 다른 곳보다 비싸다는 걸 잘 알아요. 우리 집에서 멀기도 하고요. 하지만 갈만한 가치가 있기에 애써 그곳을 찾게 되지요. 그곳의 약사 로이 씨를 아시죠? 아들 녀석을 그곳에 데려가면, 로이 씨가 달려 나와 악수를 청해요. 내 아들은 이제 여섯 살밖에 안 됐는데 어른 대접을 해준다는 느낌이 들게 한답니다. 로이 씨는 악수를 하며 이렇게 말해요.
"자……, 내 손을 잡고……, 그렇지, 꽉 쥐어봐. 그래, 아저씨 눈을 보고 미소를 짓는 거야. 그러면서 이렇게 말하는 거지. 만나서 반갑습니다."
나는 일주일에 한두 번은 아들에게 짧은 시간이라도 그를 만나게 해주려고 차를 몰고 간답니다.

아내와 나는 아침마다 아들을 학교에 데려다줍니다. 교장 선생님이 매일 아침 교문 앞에서 아이들을 맞이하는데, 그분은 모든 아이들과 주먹을 맞대며 인사를 합니다. 그래서인지 아들 녀석은 교회에 가면 목사님을 비롯한 모든 어른들에게 하이파이브를 청해요. 교장 선생님이 아들에게 아주 멋진 인사법을 가르쳐준 거라고 생각합니다.

요점은 이겁니다. 아들이 어른이 되었을 때, 그 누구도 그 아이가 하이파이브를 잘한다고 해서 고용하진 않을 겁니다. 아들이 활기차게 주먹을 맞대며 인사를 나누는 사람이라 해서 승진을 하거나 월급이 오르지도 않을 거고요. 하지만 이것 하나만은 확실해요. 상대가 누구든 마음을 열고 소통할 줄 아는 아들 녀석이야말로 삶을 위한 최고의 무기를 가지고 있는 거라고 말입니다.

왜 로이 씨는 여섯 살짜리 아이와 악수를 할까? 왜 교장 선생님은 아침마다 등교하는 코흘리개 꼬마들과 주먹을 맞대는 것일까? 그렇게 하는 것이 다른 약국들과의 경쟁에서 이길 수 있기 때문일까? 그렇게 하면 아이들에게 인기 있는 교장선생님이이 되기 때문일까? 그런 건 아닌 것 같지 않은가?

내가 기업에 나가 마케팅 강의를 할 때마다 항상 하는 얘기가 있다.

"당신은 경쟁자들이 지금 경쟁이 진행되고 있는지 모르게끔 경쟁을 해야 합니다."

이것이 진짜 경쟁력으로, 우리는 로이 씨의 약국을 통해 이 말의 의미를 확인할 수 있다. 로이 씨의 약국은 규모도 작고 변두리에 위치하고 있지만, 규모나 위치는 마케팅에서 큰 문제가 되지 않는다는 걸 보여준다.

더 큰 가치를 창출하려는 의지를 바탕으로 고객과 소통하면 로이 씨 혼자 일하는 약국은 도심에서 100명의 약사가 일하는 약국과도 경쟁할 수 있다. 실제로 로이 씨의 약국은 해마다 그 지역에서 최고의 매출을 기록한다고 한다.

보통 사람들의 눈으로는 로이 씨의 약국이 가지고 있는 경쟁력이 보이지 않는다. 그러나 눈에 띄지 않는다고 해서 그의 약국이 도시 최고의 약국으로 거듭난 이유가 소멸되는 것은 아니다.

나는 이 책에서 줄곧 '가치'라는 단어의 중요성을 강조하고 있다. 진정한 가치란 무슨 의미인가? 다음의 문장은 당신이 가치라는 의미를 이해하는 데 도움을 줄 것이다.

"그 오래된 의자는 상당히 가치 있는 골동품이 되었다."

여기에 '왜?'라는 질문을 통해 통찰력을 발휘해보자. 왜 그 의자는 시간이 지나면서 더 가치 있는 물건이 된 것일까? 그렇다. 시간이 지나면서 그런 종류의 의자가 점점 줄어들어, 그 의자는 희귀한 물건이 되었다.

희소성은 희귀성으로 발전하는 첫 단계다. 어떤 물건의 수가

적을수록 그것은 더 희귀해지고, 더 희귀해질수록 더 큰 가치를 갖게 된다. 이것은 어느 골동품에도 적용되는, 보이지는 않지만 아주 명백한 가치의 조건이다.

시도하고 도전하는 동안 생기는 피로감 때문에, 또는 목표 지점까지 가는 동안 생기는 어려움을 생각하며 그 자리에 넋 놓고 주저앉는 사람들이 대부분인 세상에서, 수영장의 바닥까지 내려가 지금보다 더 높이 뛰어오르기로 마음먹은 케빈 퍼킨스는 보기 드문 사람이다. 그래서 그와 같은 사람은 희귀한 존재들이다. 나는 당신이 그런 사람이기를 기대한다.

문제를 피하는 건
잡초를 피하는 것과 같다.
문제가 점차 커지게 내버려두면
결국엔 삶의 모든 영역이
잡초로 뒤덮이게 된다.

---

당신은 자신의 인생에게 어떤 질문을 던지는가? 다시 말해서, 오늘보다 더 나은 내일을 위해 무엇이 필요하다고 생각하고 어떤 답을 찾고 있는가? 당신이 찾아낸 답의 질은 당신이 던진 질문의 질에 의해 결정된다.

당신의 인생 앞에 항상 '왜?'라는 말을 앞세워라. 왜 지금보다 더 나은 삶을 찾는지, 왜 그러지 않으면 안 되는지, 그 이유를 알려는 줄기찬 노력이 마침내 답이 있는 곳으로 당신을 인도할 것이다.

남들처럼 해서는 남과 비슷하기는커녕
항상 남보다 못한 결과만 얻을 뿐이다.
골동품이 희소성과 희귀성으로 가치가 결정되듯이,
당신의 가치는 남들과는 다른 신념과
행동으로 결정된다.

# 18

# 쓰레기 더미에서 일어선
# 억만장자

당신은 어떻게 쓰레기를 처리하고 있는가? 도시에서 사는 대부분의 사람들은 집의 쓰레기를 청소차에 싣기 위해 일주일에 두 번 정도는 길가에 있는 큰 컨테이너로 향한다. 한 달에 몇 차례나 자신의 집에 있는 육중한 쓰레기통을 길가로 끌고 가야 하고, 통을 비운 후에는 다시 집으로 끌고 와야 한다.

이는 미국 남부 지방 여름의 숨 막히는 더위와 습도 속에서도 반드시 해야 하고, 한겨울 북부 지방의 매서운 칼바람 앞에서도, 가파른 언덕길을 힘들게 오르내려야 할 때도 반드시 해야 하는 일이다.

어느 사회학자는 산출되는 쓰레기의 양이 그 나라의 문명 수준을 말해주는 척도라고 했다. 고도로 문명화된 나라일수록 배출되는 쓰레기가 많을 수밖에 없으니 이해가 되는 말이다.

문제는 쓰레기를 처리하는 일이다. 사실 앞서 지적한 문제들이 현대인의 골칫거리가 된 지도 오래되었다. 장성한 자녀가 있는 집안이라면 그들이 부모를 대신해서 나설 수 있지만, 그렇지 않으면 아무리 고령자라도 직접 처리해야 한다.

나는 바로 이런 점을 눈여겨보고 사업 아이템을 찾아낸 젊은이를 알고 있다. 그는 모든 가정의 쓰레기 처리 과정을 관찰하고, 바쁜 직장인이나 고령자들에게 필요한 서비스가 있음을 알아차렸다.

그의 비즈니스는 간단하다. 고객들의 집 앞에 있는 쓰레기통을 시간에 맞춰 청소차에 옮기고, 쓰레기를 종류별로 분류해서 처리한 다음에 다시 그 집으로 통을 옮겨놓는 것이다.

나는 여기서 이 비즈니스에 임하는 그의 태도를 주목하고 싶다. 그는 이렇게 말했다.

"저는 일하러 갈 때, 쓰레기를 수거하는 사람처럼 보이지 않으려고 합니다. 세일즈맨이 고객을 방문하듯이 말끔한 정장 차림으로 방문합니다."

그는 고객은 물론이고 이웃들에게도 친절하게 미소 지으며 손을 흔들고, 누가 그에게 하는 일에 대해 물으면 이렇게 정중하게 대답했다.

"저는 이 도시의 쾌적함을 위해 일한다는 신념으로 고객을 찾아갑니다. 그것이 시민들의 신뢰로 이어져 오늘의 가치를 만들어냈다고 믿습니다."

여기까지는 이해가 가는 말이지만, 그렇다고 청소원이 말끔한 정장 차림이라니 무척 해괴한 일이다. 한 주민이 그에게 쓰레기통을 치우는 일을 맡긴 이웃에게 물었다.

"저 청년이 누구예요? 매번 볼 때마다 회사로 출근하는 사람처럼 말끔하게 옷을 입었던데, 왜 번번이 쓰레기통을 옮기고 있죠?"

"그러게요, 누가 봐도 쓰레기 수거하는 청소원 차림은 아니죠. 하지만 그는 분명히 우리 집의 쓰레기통을 치워주는 사람이에요. 그게 그의 직업이니까요. 그에게 매달 55달러를 지불하는데, 내가 직접 쓰레기 치우는 번거로움을 신경 쓰지 않으니 돈이 아깝지가 않답니다. 나는 저 젊은이가 그만두는 걸 원치 않아서 벌써 여러 명의 고객을 연결해주었어요."

이 젊은이는 시급 1달러를 받던 쓰레기 청소원으로 시작해서 억만장자가 된 웨인 후이젠가Wayne Huizenga다. 네덜란드 이민가정 출신인 그는 고단한 청소년기를 보내다 남보다 일찍 돈을 벌기 위해 취업 전선에 뛰어들었다.

그가 고향 시카고에서 청소회사 말단 직원으로 취직한 것은 스무 살 때였다. 그의 일은 어찌 보면 무척 단순했다. 새벽부터 거리로 나가 각 가정에서 배출한 쓰레기를 종류에 따라 분류해서 청소차에 싣는다. 찌는 듯한 여름날이건 냉기가 살갗을 파고드는 겨울날이건, 그는 그렇게 거리를 누볐다.


하루 종일 음식물을 비롯한 온갖 쓰레기에서 나오는 악취를 감당해야 하는 상황이라 누구나 할 수 있는 일은 아니었다. 그렇지만 후이젠가의 눈에 쓰레기 청소라는 일은 엄청난 잠재력이 숨어 있는 사업으로 보였다.

우선 특별한 수준의 직업 훈련이 필요 없는 단순노동인데다 시민들의 수요가 뒤따르는 분야여서 성실하기만 하면 얼마든지 미래를 위한 발판이 된다고 보았다. 서른 살 때인 1968년, 그는 그동안 모은 돈으로 쓰레기 수거 차량 1대를 매입하고 '웨이스트 매니지먼트Waste Management'라는 청소 전문회사를 차렸다.

회사라고는 해도 사실은 후이젠가 혼자 일하는 1인 기업이었다. 그는 안면이 있는 집들을 찾아다니며 명함을 돌렸는데, 이렇게 해서 처음 그에게 일을 준 집이 50여 곳이었다.

그는 새벽 4시부터 낮 12시까지 하루도 빠짐없이 시카고 시내를 누비며 작업을 했고, 일과가 끝나면 집으로 돌아와 새로운 고객을 찾을 때까지 전화를 돌렸다.

남다른 성실성과 항상 밝은 표정으로 일하는 그에게 고객이 늘지 않는다면 그게 더 이상한 일이었다. 고객이 늘어나면서 그는 쓰레기 수거 차량을 더 많이 구입했고 영업 지역도 인근 도시로 점점 확장해, 사업 시작 20년 후에는 미국 전역을 누비는 최고의 청소회사 CEO가 되었다.

후이젠가는 청년들을 대상으로 '인생과 꿈'에 대해 강의할 때면 반드시 이런 말로 연설을 시작한다.

"나는 쓰레기 더미 속에서 돈을 찾아낸 사람입니다."

남들이 눈여겨보지 않는 분야를 주목해서, 거기서 금맥을 찾아낸 사람은 너무도 많다. 우리가 그들의 경험과 그에 얽힌 비밀을 전부 알아야 할 필요는 없지만, 한 가지 사실만은 가슴에 새겨야 한다. 그들 모두가 성공을 위해 쓰레기 더미 같은 인생의 밑바닥에서 출발했다는 점이 그것이다.

쓰레기 더미라는, 더럽고 냄새나는 환경이 오히려 그들에게 성공의 출발점이 되었다는 사실이야말로 내가 이 책에서 말하려는 것을 대신하는 멋진 은유다.

50년의 비즈니스 생활을 하면서 여러 개의 계열회사를 거느린 CEO로 활동했던 그는 후배들에게 강연을 할 때마다 말미에 반드시 이렇게 마무리를 했다고 한다.

"누구나 성공을 꿈꾼다. 하지만 현실은 매일 아침 일찍 일어나서 마음속의 꿈을 착실하게 이뤄나가는 사람만이 성공을 맛본다. 내가 해주고 싶은 말은 이것이다. 남들보다 두 배, 세 배로 돈을 많이 벌고 싶은가? 그렇다면 당장 일어나서 남들보다 두 배, 세 배로 뛰어라."

그의 말은 무척 단순하지만, 나는 그의 짧은 조언 속에 결코 간과해서는 안 되는 깊은 의미가 있다고 생각한다. 그것은 돈을 벌기 위해 출발점에 서는 젊은이들의 태도에 관한 문제다.

오늘도 많은 젊은이들이 저마다 거창한 미래 계획과 함께 창업 전선에 뛰어들고 있다. 남들보다 두 배, 세 배로 많은 돈을 벌고 싶다는 꿈이 그들의 가슴을 뜨겁게 한다. 하지만 후이젠가는 가슴만 뜨거운 것으로는 절대 안 된다고 말한다. 지금 당장 일어나는 부지런함은 물론이고, 남들보다 두 배, 세 배로 뛰는 성실함이 뒤따라야 한다고 말한다.

후이젠가는 진흙 속에서 보석을 찾아내듯이 쓰레기 속에서 돈을 찾아내기 위해 그 속으로 뛰어드는 용기와 행동력을 온몸으로 보여주었다. 이 부분에 대해서는 더 이상 말할 필요가 없을 것이다.

당신도 후이젠가처럼 성공하고 싶은가? 그렇다면 후이젠가처럼 해서는 안 된다. 그가 해낸 것 이상이 되어야 한다. 후이젠가의 삶은 우리에게 그런 교훈을 주고 있다.

누구나 성공을 꿈꾸지만,
현실은 매일 아침 일찍 일어나서
마음속의 꿈을 착실하게 이뤄나가는
사람만이 성공을 맛본다.
남들보다 두 배, 세 배로 돈을 많이 벌고 싶은가?
그렇다면 당장 일어나서
남들보다 두 배, 세 배로 뛰어라.

---

우리가 성공자들의 경험과 그에 얽힌 비밀을 전부 알아야 할 필요는 없지만 한 가지 사실만은 가슴에 단단히 새겨야 한다. 그것은 그들 모두 성공을 위해 쓰레기 더미 같은 세상의 밑바닥으로 뛰어들었다는 것이다.

어떤 사람은 남다른 열정만으로, 또 어떤 사람은 목적도 없는 노력으로 무조건 성공하고 싶다고 말하지만, 바닥까지 내려가 인생의 비밀이 담긴 상자를 건져 올리는 노력 없이는 아무것도 해낼 수 없다. 웨인 후이젠가의 성공은 이러한 원칙을 온몸으로 보여주는 교훈이다.

쓰레기 더미라는,
더럽고 냄새나는 환경이
오히려 성공자들에게
성공의 출발점이 되었다는 사실은
내가 이 책에서 말하려는 것들을 대신하는
멋진 은유다.

# 19

# 영리한 사람과
# 현명한 사람

옛날 어느 마을에 사람들로부터 매우 똑똑하다는 말을 듣는 남자가 살고 있었다. 도시에서 고등교육까지 받았고, 남들보다 올바른 말을 많이 했기 때문에 마을 사람들은 그가 이 세상에서 가장 똑똑하다고 떠받들었다.

마을 사람들은 대부분 별다른 교육을 받지 않고 농사를 지으며 살아왔기에 순박하기는 해도 세상 물정을 모르는 무지한 사람들이었다. 그렇기에 주민들은 누구보다 많은 것을 알고 있는 그 남자를 지도자로 떠받들며 풀기 어려운 문제가 생길 때마다 찾아가 답을 구했다.

마을 사람들은 말했다.

"그 사람은 세상의 모든 답을 알고 있어. 아둔한 우리들은 옳고 그름조차 분별하지 못하고 최악을 선택할 때가 많은데, 그 사람은 모든 걸 볼 줄 알기 때문에 어리석은 우리를 보호해줄 수 있을 거야."

사람들은 분명히 그가 모든 걸 '볼 줄 안다'고 말했다. 하지만 다른 마을에서 온 누군가가 그 말을 듣고 그 남자를 만나봤다면 참으로 해괴한 일이라며 고개를 흔들었을 것이다. 왜냐하면 그 남자는 맹인이었기 때문이다.

그렇더라도 그 남자를 믿고 따르는 마을 사람들의 모든 판단에는 그의 가르침이 반영되어 있었고, 그의 생각대로 행하면 대부분의 문제가 원만히 해결되었기에 그를 향한 존경심은 변함이 없었다.

어느 해 여름, 그 마을에 주민들의 능력으로는 도저히 해결되지 못하는 문제가 생겼다. 지난 며칠 동안 엄청난 태풍이 마을을 덮치는 바람에 마을 한쪽이 완전히 파괴되고 물에 잠겨버린 것이었다. 몇 안 되는 마을 사람들의 힘으로는 도저히 복구가 어려운 지경이라 그들은 한동안 망연자실한 상태로 하늘만 원망했다.

그러다 마을 사람들은 언제나 그랬듯이 '모든 것을 볼 줄 아는' 남자를 찾아가 조언을 구했다. 그의 답변을 짧고도 분명했다.

"이건 인간의 힘으로는 도저히 어찌지 못하는 천재지변이라 현실적으로 할 수 있는 일이 전혀 없소. 그냥 현실을 받아들이는 수밖에는……. 불행한 일이지만, 지금 내가 하는 말은 틀림없는 사실이오."

그의 말인즉슨, 비참하게 파괴된 마을의 현실을 순순히 받아들이고 지금의 현실에서 꾸역꾸역 살아갈 수밖에 없다는 이야기였다. 사람들은 마을에서 제일 똑똑한 남자의 말에 실망한 채 어깨를 축 늘어뜨리고 물바다가 되어버린 길을 터벅터벅 걸어갔다.


그는 이 마을에 재생의 희망이 없다고 말했다. 그래서 주민들에게 당장 이곳을 떠나든지, 아니면 현실을 인정하고 살아가든지 둘 중 하나를 선택해야 한다고 말했다.

어떤 의미에서는 이 말이 맞기도 했다. 나라에서 무언가 해주기를 기대하기는 어려웠다. 그렇다고 마을 사람들이 복구에 나서기는 더 어려운 일이었다. 대부분 노인들인데다 워낙 피해의 정도가 심했기에 어디부터 손을 써야 할지 난감한 일이었다. 어떻게 해야 할까? 사람들은 이런 운명을 만들어낸 하늘만 원망하여 눈물을 삼켰다.

　그런데 그 마을에는 나이 많은 노인 한 사람이 살고 있었다. 주민들이 보기에 노인은 맹인 남자만큼 똑똑하지는 않지만, 오랜 세월을 살아오면서 많은 경험을 했고, 그것들을 통해 배운 것이 풍부하기에 꽤나 현명하다는 말을 듣고 있었다.

　노인은 맹인 남자가 마을 사람들의 절박한 질문에 답을 하는 걸 우연히 들었다. 그날 밤, 노인은 잠을 이룰 수 없었다. 남자가 뱉은 말들이 계속 귓가에 울렸기 때문이다. 과연 마을 사람들이 할 수 있는 일이 아무것도 없을까? 그냥 두 손 놓고 현실을 받아들이기만 하는 게 정답일까?

　다음 날 아침, 노인은 맹인 남자를 찾아갔다. 노인은 그에게 그동안 경험하지 못한 것을 접하게 해주겠다며 마을 한쪽 끝에 있는 공원으로 데려갔다. 공원은 바다와 인접한 곳이기에 얼굴을 어루만지는 것 같은 시원한 바람이 부는 한적한 곳이었다. 노인이 그에게 말했다.

　"이 공원엔 어마어마한 크기의 동물이 산다네. 자네의 눈엔 보이지 않겠지만, '코끼리'라 불리는 그 동물은 몸집과는 달리

아주 섬세하고 다정하다네. 내가 이끌어줄 테니 자네도 한번 가까이에서 만져보게."

노인은 남자를 코끼리가 있는 곳까지 조심스럽게 이끌었다. 노인이 그에게 이렇게 속삭였다.

"지금 코끼리가 바로 자네 앞에 있네. 천천히 앞으로 걸어 나가서 손을 뻗어보게. 원하는 시간만큼 충분히 코끼리를 만져보게. 그리고 코끼리에 대해 느낀 것을 묘사해보고, 자네의 뛰어난 머리로 코끼리를 어떻게 활용하면 좋을지 말해보게나."

남자는 망설임 없이 손을 앞으로 뻗었다. 그러곤 손바닥을 거대한 몸통에 갖다 댄 후 옆면을 따라 천천히 훑었고, 그런 다음 반대편으로 가서 방금 전에 했던 동작을 반복했다. 얼마 후, 그는 이미 상황 파악이 끝났다는 듯이 얼굴에 미소를 지었다.

"어떤가, 코끼리의 몸체에 대해 말해보게."

노인의 물음에 남자가 자신 있는 말투로 입을 열었다.

"코끼리는 벽 같습니다. 크고, 높고, 살짝 휘었지만 대체로 평평하고 감촉이 거친 벽 말입니다. 그렇기에 코끼리는 커다란 문으로, 아니면 아주 기다란 벽의 일부로 사용될 것 같습니다."

노인은 그런 답이 나올 줄 알았다는 듯이 의미심장한 미소를 지었다. 남자가 물었다.

"제 말이 맞습니까? 제가 한 말이 사실입니까?"

"맞네, 사실이라네."

노인이 고개를 끄덕이자 남자의 얼굴에 그것 보라는 듯이 만족스런 미소가 번졌다. 노인이 잠시 뜸을 들이다가 이렇게 덧붙였다.

"자네는 사실을 말했어. 하지만 자네가 말한 사실은 진실이 아니라네."

"그게 무슨 말씀인지 이해가 되지 않네요. 사실이지만 진실은 아니라니, 어떻게 그런 일이 있을 수 있죠?"

노인이 남자의 흥분을 가라앉히려는 듯 헛기침을 하며 목소리를 낮췄다.

"나의 질문에는 두 가지 대답이 존재한다네. 하나는 코끼리에 대한 사실이고, 다른 하나는 자네에 대한 진실이지. 자네는 코끼리라는 동물의 실체를 온전히 이해하기 전에 탐색을 멈추었네. 그것만으로 충분하다고 생각했을 테지. 이미 알아낸 것을 넘어서는 진실에 대해서는 더 알려고 하지 않고 곧바로 그게 답이라며 말해버렸네. 자네가 진실을 찾기 위해 더 깊은 곳까지 내려가지 않았다는 뜻이지."

남자는 노인이 도대체 무슨 말을 하고 있는지 이해할 수 없다는 표정이었다. 자신의 똑똑함에 대해, 그리고 마을 사람들의 칭찬과 존경심에 대해 자부심이 대단했던 그는 노인의 말에 깊은 마음의 상처를 받았다.

그가 불만이 가득한 목소리로 물었다.

"그렇다면 제가 어떻게 했어야 하나요?"

"왼쪽으로 조금만 더 가서 코끼리를 만져봤더라면 자네는 물을 빨아들일 때 사용하는 코를 만지며 부드러운 파이프나 커다란 뱀 같다고 했을 테고, 왼쪽이나 오른쪽 아래로 만지며 쭉 내려갔더라면 오두막을 지탱할 수 있는 단단한 기둥과 비슷하다고 생각했을 걸세."

남자가 재빨리 끼어들려고 했지만, 노인이 말을 막았다.

"잠깐, 할 말이 더 있네! 코끼리의 꼬리를 만져봤다면 이 동물이 거대한 파리채나 페인트 붓 같다고 했을지 모르고, 머리통의 윗부분에 있는 귀를 만졌다면 커다란 부채 같다고 했을지도 모르지. 내가 말하려는 온전한 진실은, 코끼리는 이 모든 것을 합친 것이고, 어쩌면 그 이상이 될 수도 있다는 거라네."

맹인 남자의 얼굴에 실망감이 번졌다. 코끼리의 실체에 대해 너무 쉽게 판단해버린 자신에 대한 실망감이기도 했지만, 노인이 자신의 판단에 이렇게 신랄하게 비판하는 것에 대한 실망감이기도 했다.

노인의 말은 계속되었다.

"분명한 사실은, 내가 지금까지 말한 것도 코끼리에 대한 진실을 100퍼센트 표현한 것은 아니라는 점이네. 내 얘기는 우리가 알고 있는 것들의 이면에 도사린 진실을 알기 전에는 '내가 하는 말은 틀림없는 사실'이라는 말을 절대 하지 말아야 한다는 거라네."

남자는 그제야 노인이 하려는 말의 진짜 의도를 알아차렸다.

"자네가 마을 사람들보다 많은 걸 알고 있는 게 사실이지만, 진실은 항상 자네가 알고 있는 것을 훨씬 뛰어넘는 곳에 숨어 있다는 사실을 잊지 말게."

노인이 긴 이야기의 마침표를 찍듯 깊은 숨을 내쉬더니 남자를 그 자리에 두고 천천히 돌아섰다. 한참 동안 그 자리에 서서 노인의 말을 곰곰이 되씹던 그는 엊그제 마을 사람들에게 했던 말을 떠올리며 얼굴을 붉혔다.

자신이 똑똑하다는 말을 들어온 것은 사실이고, 그런 말에 그 자신도 동의하지만 그것 역시 마을 사람들이 자신에 대해 코끼리의 몸통을 만진 것에 불과하다고 생각했다.


"내가 하는 말은 틀림없는 사실이오!"

누구도 그런 말을 함부로 할 수 있는 사람은 없다. 누구도 세상의 이면에 도사린 진실을 알 수 없기 때문이다. 한참을 서 있다가 집으로 돌아가는 남자의 발걸음이 조금 가벼워졌다. 자신은 똑똑하지 않을뿐더러, 어리석고 심지어 교만하기까지 한 사람이라는 것을 깨달았기 때문이었다.


맹인 남자의 교만함이 혹시 당신의 이야기는 아닌지 묻고 싶다. 지금 당신이 알고 있는 것들이 세상을 살아가는 지혜의 전부인 것으로 알고, 눈앞의 문제들을 함부로 판단하고 단정해 버리는 습관은 없는가?

그간의 지식과 경험으로 충분하니 더 이상 머리에 채울 것은 아무것도 없다며 큰소리를 땅땅 치는 사람이 혹시 당신이라면, 코끼리의 몸통을 만진 것에 불과한 게 아닌지 자신을 돌아봐야 한다. 그것 또한 수영장의 바닥으로 내려가는 일이 아닐까?

자네는 코끼리라는 동물의 실체를
온전히 이해하기 전에 탐험을 멈추었네.
코끼리에 관한 진실이 있는 곳까지 가지 않고
너무 쉽게 판단을 해버렸다는 얘기라네.

---

눈에 보인다고, 귀에 들린다고 모두 진실은 아니다. 그 너머에 있는 모든 것을 샅샅이 파고들어 진짜 모습을 만나기 전까지는 단지 눈을 가리고 코끼리 몸통의 일부를 만진 것에 지나지 않는다. 우리의 삶에 관한 이야기도 마찬가지다. 코끼리의 전체 모습을 알기 전에 코끼리에 대해 단정적으로 말하면 안 되는 것처럼, 저마다의 삶의 목적을 향한 발걸음이 계속되는 한 현재의 삶에 대해 그 무엇도 결론을 내리면 안 된다.

우리가 알고 있는 것들의 이면에
도사린 진실을 알기 전에는
'내가 하는 말은 틀림없는 사실'이라는 말은
절대 하지 말아야 한다.

# 20

# 이미 정해진 사실을
## 의심하라

'이것이 사실이다!'라고 확정적으로 말하는 사람들 대부분은 이미 그 사실이 세상에 널리 퍼졌다고 믿고, 그 이상은 없다고 생각하면서 다른 무언가를 탐구하는 걸 중단하는 경향이 있다.

"왜 계속 찾아야 해? 이게 정답인데!"

그들은 이렇게 당당하게 말하며 발걸음을 멈춘다. 하지만 이런 태도는 잘못된 것이다. 그가 찾은 것은 정답이 아니라 단지 하나의 답을 찾았을 뿐이기 때문이다.

우리가 '사실'이라고 말하는 것에는 항상 위험이 도사리고 있다. 이는 대부분의 사람들이 사실이라는 한 가지 답을 의심할 필요가 없는 진실로 받아들이며, 그 이면에 숨어 있을지 모르는 '무엇'을 외면하기 때문에 하는 말이다.

도대체 뭐가 위험하냐고 질문할지 모른다. 그런 당신을 위해 수면에 존재하는 사실이 무엇인지 보여주는 사례 하나를 소개하겠다. 이때 '진실'은 수영장 바닥에서 조용히 때를 기다리고 있을 것이다.

한 세대가 넘도록 수많은 부모, 교사, 작가, 강연자들은 '선택'이 개인의 운명을 결정한다고 강조해왔다. 그들은 우리가 내리는 선택보다 더 중요한 건 없다고 말하며 오늘의 선택이 내일의 삶을 좌우한다고 주장했다.

"모든 일에 올바른 선택을 해야 한다!"

이 말은 아주 적절하고 현명한 조언처럼 들린다. 선택이 미래를 좌우한다는 말이 틀린 게 아니기 때문이다. 그러나 여기서 짚어야 할 게 있다. 그 말이 사실이기는 하지만 진실은 아니라는 것이다.

**질문 1 :** 당신이 아이에게 동전 하나를 건네주면서 '항상 앞면이 나오게 던져라!'라고 말한 후에, 그 아이가 그렇게 못하면

혼을 내겠는가?

당연히 그렇게 하지 않을 것이다. 왜냐하면 매번 동전을 던질 때마다 앞면이 나오는 것은 불가능하다는 걸 알기 때문이다. 따라서 그렇게 하지 못하는 아이를 혼내는 것은 말이 안 된다. 그렇다. 우리도 매번 앞면이 나오게 하는 방법을 알지 못하고, 그것 자체를 요구해서는 안 된다는 것을 알고 있다.

**질문 2** : 아이에게 항상 올바른 선택을 하라고 말하는 것은 얼마나 유익한가?

아이가 이 질문을 이해하고 실행하기 위해서는 이 말을 얼마나 많이 들어야 효과를 발휘할 수 있을까? 당신은 잘못된 선택을 하는 어른들을 많이 알고 있을 것이다. 그들은 어렸을 때 올바른 선택을 해야 한다는 말을 듣지 못했을까? 그들은 자신의 선택이 자신의 운명을 좌우한다는 사실을 몰랐을까?

아이에게 올바른 선택을 하라고 말하는 것은 매번 동전의 앞면이 나오게 던지라고 말하는 것과 같다. 어른인 우리들 가운데 얼마나 많은 이들이 선택에 대한 설명을 아이에게 해줄 수 있을 만큼 올바른 선택을 하고 있는지 궁금하다.

선택이 우리의 미래를 좌우한다는 것은 사실이다. 그렇지만 진실은 그 선택의 근원적인 수준에 존재한다. 선택보다 더 근원적인 것은 무엇일까? 그것은 바로 당신의 '생각'이다.

당신의 생각은 당신이 최대한 닿을 수 있는 수영장의 바닥과 같다. 당신의 선택이 당신의 운명을 좌우할지 모르지만, 그러한 선택을 결정하는 건 어디까지나 당신의 생각이다.

당신이 살면서 했던 모든 선택과 앞으로 하게 될 모든 선택은 다음과 같은 요소에 의해 전적으로 좌우되었고, 앞으로도 그렇게 될 것이다.


- 당신은 어떻게 생각하는가?
- 당신은 무엇을 생각하는가?
- 당신은 그 무엇을 얼마나 오랫동안 생각해왔는가?
- 당신은 생각할 시간이 없다고 말하는데, 그 근거는 무엇인가?


어떤 선택을 하든, 제일 중요한 건 당신의 생각이다. 지금까지 나는 이 책에서 수영장의 바닥이라는 은유를 통해, 당신의 생각이 당신이 만들고 싶어 하는 미래의 실질적 근원지임을 설명했다. 이 말에 동의한다면, 이제 당신의 삶은 적어도 동전

던지기 따위로 좌우되지는 않을 것이다.

당신은 선택의 능력을 타고났다. 당신의 생각이 선택을 좌우하지만, 당신은 선택할 능력을 타고났기 때문에 스스로 어떻게 생각하는가를 선택할 수 있다. 당신은 혹시 나에게 이렇게 묻고 싶지 않은가?

"앤디 씨! 내 생각이 내 선택을 좌우한다는 건 이해하겠는데, 내가 어떻게 생각하는가를 선택하는 게 어떻게 가능하다는 거죠?"

간단하다. 당신은 당신의 생각을 형성하는 근원적인 주체이기 때문에 어떻게 생각하는가를 선택할 수 있다. 너무 분명하지 않은가?

당신이라는 존재의 근원을 형성하는 또 다른 중요한 요소가 있다. 바로 당신을 둘러싸고 있는 사람들이다. 이들 역시 당신이 읽고 듣고 보는 것에 큰 영향을 준다. 그러니 이 말을 잊지 마라.

"당신은 무엇을 듣고 무엇을 볼지 선택할 수 있기에 어떻게 생각하는가를 선택할 수 있다. 또한 당신은 어울릴 사람들을 선택할 수 있다."

선택의 의미에 대해 생각해 볼 수 있는 재미있는 사례를 소개하겠다. 1963년 미국 대법원에 '포르노의 정의'에 대해 판정해달라는 소송이 제기되었다. 포르노porno란 인간의 성적 행위를 노골적으로 묘사함으로써 성적 욕구를 자극하는 책이나 영화, 사진, 그림 등을 말한다.

문제는 포르노와 예술의 경계가 모호하다는 점이다. 예를 들어 조반니 보카치오Giovanni Boccaccio의 《데카메론Decameron》이라는 문학작품을 보자. 보카치오는 14세기 이탈리아 피렌체 르네상스를 이끌었던 작가로 세계문학사에 묵직한 이름을 남겼다. 그런데 이 책에 실린 100편의 이야기 가운데 일부분은 음탕하기 짝이 없는 내용으로 가득하다. 그렇다면 이 책을 형편없는 외설 문학으로 치부해야 하는가?

미국 대법원의 판사들끼리도 포르노의 정의에 관한 논쟁이 분분했는지 15개월 후인 1964년 후반이 되어서야 판결이 내려졌다. 포터 스튜어트Potter Stewart 판사는 보충 의견에서 포르노물의 정의에 대해 이렇게 판결했다.

"보면 안다I know it when I see it."

이 말에 당신은 웃을지 모른다. 하지만 미국의 대법원 판사가 제시한 이러한 공식 의견은 지금도 미국 연방정부의 교육 제도는 물론이고 민간 기업계에서 널리 통용되는 기본 정의가 되었다.

이 말은 달리 표현하자면, 무엇이 포르노물인지 여부는 개인적인 선택과 판단에 따른다는 것이다. 포르노물은 전적으로 판단을 내리는 사람의 안목에 달렸기 때문에 정의가 아주 다양할 수밖에 없다. 스튜어트 판사의 말처럼, 보면 아는 것이다.

만일 누군가 포르노잡지에 나오는 나체 사진과 밀러의 비너스 상이나 미켈란젤로의 다비드 상을 비교한다면 어떤 차이가 있을까? 모두 인간의 나체를 묘사했지만 왜 잡지의 사진은 외설물로 여겨지고, 조각상은 예술로 여겨질까?

이 질문의 답은 아주 간단하다. 외설물과 예술 사이의 차이점은 당신이 그 대상을 보았을 때 무엇을 생각하느냐에 따라 결정된다. 그렇다, 삶의 모든 부분에서 당신의 생각이 당신의 선택을 결정한다. 결론은 이렇다.

"당신의 선택이 당신의 미래를 만들기 때문에 아무리 사소한 일이라도 신중하게 생각하라."

우리는 선택의 능력을 타고났다.
그것은 인간이면
누구나 갖고 있는 명백한 권리다.
당신은 그 능력을 통해
스스로 어떻게 생각할지를 선택할 수 있다.

---

무엇을 생각하건 그것은 당신의 마음이 결정하는 일이다. 그 생각이 무엇인가를 선택하고, 그 선택이 당신의 미래를 결정한다면 지금 이 시간을 이루는 모든 것에 대해 조금 더 신중하게 생각할 필요가 있다. 나폴레옹은 이런 말을 남겼다.

"나는 언제나 일하고 있다. 그리고 항상 생각한다. 내가 어떤 일에 직면했을 때 당황하지 않고 그 자리에서 즉시 처리할 수 있는 것은 사전에 여러 가지 경우에 대비해서 생각해두었기 때문이다. 돌발사태가 일어났을 때 능숙하게 대처할 수 있는 것은 내가 천재여서가 아니라 평상시의 명상과 반성의 결과인 것이다."

만일 당신의 선택이
당신의 운명을 좌우하고,
당신의 생각이
당신의 선택을 좌우한다면,
결국 당신의 생각이
당신의 운명을 좌우하는 것이다.

# 21

# 눈앞에
## 약속의 땅이 있다

우리가 함께한 시간이 막바지에 이른 지금 궁금한 것이 하나 있다. 당신이 인생에서 원하는 일을 이루기 위한 모든 것들이 일상의 행동 속에 전부 드리워져 있는가? 다시 말해서, 당신은 삶의 목표를 이루기 위해 반드시 해야 한다고 알고 있는 행동을 모두 실행하고 있는가?

나는 이 책을 통해 당신과 내가 연결되어 있다고 느낀다. 그래서 평상시에 내가 다른 사람들에게 드러내지 않는 일들을 당신에게 털어놓는 걸 전혀 개의치 않았다. 당신이 인생에서 원하는 일을 이루기 위한 모든 것들이 일상의 행동 속에 전부

드리워져 있는가? 이 질문에 대한 나의 솔직한 대답을 털어놓자면, 살아오면서 여러 차례 변해왔다고 말할 수 밖에 없다.

한때 나의 대답이 '아니오!'였다. 그때 나는 내가 해야 한다고 생각하는 행동들을 하지 않았다. 나 자신의 그런 태도나 습관에 대해 불만도 많고 매번 착잡한 기분에 빠지곤 했지만, 어쩔 수 없는 일이었다.

웬일인지 그런 사실을 인정할수록 나는 더 행동을 하지 않았다. 내가 염원하던 꿈은 내가 영원히 닿지 못하는 터무니없이 먼 곳에 있는 것처럼 느껴졌다. 내가 해낼 수 있는 가능성의 영역을 훨씬 넘어서 존재하는 것 같았기에 나는 스스로 모든 것에 '아니오!'라는 답을 달고 살았다.

왜 그랬을까? 우선 나는 나 자신을 너무 잘 알았다. 나는 스스로에게 끊임없이 인생과 '멋진 시합'을 펼치고 있다고 말했지만, 사실은 희망, 열정, 노력 없이 그 시합에 임하곤 했다.

희망, 열정, 노력이 시합에서 승리하게 만드는 필수 요소라는 점에 대해 이의를 제기할 사람은 없을 것이다. 그러나 문제는 희망은 누구나 품을 수 있지만 열정과 노력은 쉬운 일이 아니라는 것이다. 희망은 마음의 문제지만 열정과 노력은 몸의 문제이기 때문이다.

나도 행동력 부족에 대해 계속 고민해왔다. 대체로 부정적인 방향으로 결론이 흘러갔지만, 어쨌든 생각을 하기는 했다. 그러다 문득 이래서는 안 되겠다는 생각을 했다. 너무 많은 세월이 흐르기 전에 밑바닥부터 완전히 탈바꿈해야 한다는 생각이 들었던 것이다.

그러기 위한 첫걸음은 '아니오!'라고 말하는 습관을 내다버리는 일이었다. 물론 어느 일에건 무조건 'Yes!'라고 말할 수는 없지만 함부로 'No!'를 내뱉지 않는 습관만으로 새로운 삶을 향한 출발은 충분하다고 생각되었다. 그것이 부정적인 사고방식에서 탈피하는 첫걸음이자 성공적인 삶을 완성하는 마지막 페이지라고 믿었다.


이 장을 시작하면서 나는 '당신이 인생에서 원하는 일을 이루기 위한 모든 것들이 일상의 행동 속에 드리워져 있는가?'라고 물었다. 요즘의 나는 이제야 비로소 내가 원하는 삶을 위해 '대체로 그렇게 한다'고 대답할 수 있다.

'항상 그렇게 한다'고 자신 있게 말할 수 있으면 좋겠지만, 솔직히 말해서 아직은 그 지점에 도달하지는 못했다. 하지만 지금의 나는 대체로 내가 살고 싶은 인생을 위해 해야 할 일을 끊임없이 찾아내어 행동으로 옮기고 있다.

이 정도의 성공이나마 달성할 수 있었던 이유는, 내가 무언가를 선택하는 일에 나름의 능력을 갖게 되었기 때문이다. 그렇다. 나는 이제야 대체로 잘 선택하게 되었다.

내 나이 올해로 59세가 되었다. 지금까지도 무엇이 선이고 악인지, 무엇이 정의이고 불의인지를 100퍼센트 정확하게 판단할 수 있는 능력은 부족하다. 다만 적어도 어떻게 살아야 하는지에 대해서는 잘 알고 있다. 그것은 이것이다.

"어려울수록 상식에 기초한 선택을 하라."


당신이 지금 읽고 있는 이 책과 같은 유형의 자기계발 도서들이 한때 나를 괴롭게 했다는 점을 솔직히 고백한다.

"너도 이 책을 반드시 읽어야 해!"

누군가는 자신이 열 번도 더 읽은 책에 대해 이렇게 말했다.

"이 책은 네 삶의 모든 걸 변화시킬 거야!"

그들은 아주 진지하게 말을 했다. 미래가 너무 불확실해서 방황을 거듭하던 시절에 그런 책을 닥치는 대로 읽어봤지만, 웬일인지 어떤 책도 내 삶을 바꾸지는 못했다.

이유가 무엇일까? 그 책들이 상식을 뛰어넘는 무엇을 말하고 있었기 때문이다. 그 책들은 대부분 성공을 위한 특별한 원칙을 제시하면서 그것을 충실히 따르라고 했다.

성공이나 행복은 하루아침에 이루어지는 로또가 아니다. 그럴 리가 없지 않은가? 인생의 성공은 책에 나오는 몇 개의 달콤한 문장이 아니라 웨인 후이젠가가 그렇게 했듯이 쓰레기 더미를 뒤지는 행동 끝에 찾아오는 것이다.

나는 훌륭한 책은 망치와 같다고 생각한다. 책은 하나의 도구다. 책이 누군가의 삶을 변화시키지 못하는 것은 집을 지으려고 하는데 망치로 못을 박지 못하는 것과 같다.

망치질을 배우지 못한 사람은 집을 짓지 못한다. 그렇듯이 상식을 외면한다면 성공적인 인생을 완성할 수 없다. 결국 내가 하려는 말은 이것이다.

"모든 것은 당신에게 달렸다."

망치질은 망치의 문제가 아니라 당신의 손이 하는 일이다. 집을 짓는 일은 망치가 아니라 당신의 손에, 당신의 신념에, 당신의 희망에 달렸다는 얘기다.

다시 말해서 당신이 살고 싶어 하는 인생은 당신에게 달렸기 때문에 희망과 통찰력, 그리고 그것을 뒷받침하는 행동을 실행에 옮기면 된다.

당신의 삶을 타인의 손에 좌우되도록 한다면 희망이나 통제

력은 필요 없다. 단지 그 사람의 말에 따르기만 하면 되니 말이다. 따라서 당신은 지금 당장 자신의 삶을 돌아보며 이렇게 물어야 한다.

"나를 움직이는 사람은 누구인가?"

당신은 자신의 생각을 스스로 선택할 능력을 타고났다. 이것은 운명을 스스로 선택할 능력을 타고났다는 얘기다. 이런 점을 항상 알고 기억한다면 당신이 바라는 미래는 더 이상 터무니없는 상상이 아니라 명백한 진실이 되어 당신의 손에 들어올 것이다. 이 부분을 더 짚기 위해 몇 가지 더 물어보려고 한다.

1. 당신은 상상을 할 때, 주로 무슨 상상을 하는가?
2. 당신은 스스로 진실을 알 수는 있지만, 아직은 훈련이 부족하거나 이기적인 마음 때문에 아직도 최고의 위치에 도달하지 못했다고 생각해본 적이 있는가?
3. 당신의 삶을 둘러싼 진실의 주인은 누구인가? 만일 당신이 주인이 아니라면, 앞으로 당신의 힘만으로 진실을 찾아낼 수 있을까?
4. 당신이 진실의 주인이 아닐 때, 당신을 움직이는 주인이 누구인지 찾아낼 수 있을까? 당신이 주인이 되기 위해, 그

사람을 당신의 세계 밖으로 내쫓을 수 있을까?

5. 당신은 '상상할 수 있는 최고'가 존재한다는 걸 알고 있는가? 알았다면, 그것을 손에 넣기 위해 달려갈 준비가 되어 있는가?

6. 당신을 위한 최고의 것을 스스로 원하고 창조주가 당신을 위한 최고의 것을 원한다는 가정, 그리고 당신을 위한 최고의 것을 상상하고 창조주가 당신을 위한 최고의 것을 상상한다는 가정, 이 두 가지 사이의 차이는 무엇이고 얼마나 큰가?

내가 이런 질문을 하는 이유는 간단하다. 하지만 그 이유를 말하기 전에, 이 점만은 분명히 하고 넘어가야겠다.

당신이 현명한 사람이라는 사실을 내가 잘 알고 있다는 걸 알아주었으면 한다. 나는 당신이 이 책의 내용을 충분히 이해했다고 확신한다. 당신은 수영장의 바닥이라는 비유를 이해했고, 사실을 뛰어넘는 진실이 존재한다는 사실도 납득했을 거라고 믿는다.

그렇기에 이 책을 읽어준 당신에게 내가 무척 감사하고 있다는 점을 알아주기 바란다. 나는 당신의 미래를 튼튼하게 짓는 데 사용할 망치 하나를 제공하게 된 것을 영광으로 생각한다.

위에 열거한 여섯 가지 질문을 한 데에는 이유가 있다. 이 책에서 나는 타인에 대한 영향력, 편안한 인간관계, 타인을 위한 도움, 부를 창출하기 위해 노력을 기울인 사람들에 대해 말했는데, 이런 방식들을 활용하는 일을 거부하는 사람들이 있었다.

특히 나는 살면서 자기 삶에 대해 깊이 있게 생각하고 싶어 하지 않는 사람들을 많이 봐왔다. 어떤 생각이 이후에 그 사람에게 일어나는 모든 일의 출발점이 된다고 할 때, 누군가 생각의 문을 닫아버리는 모습을 보는 일은 정말이지 안타까운 일이다. 도대체 그 사람은 언제, 어디서, 어떻게 새로운 삶을 시작하려는 것일까? 나는 당신에게서만은 그러한 일을 보고 싶지 않다.

위에 열거된 여섯 가지 질문의 의미는 결국 자기 삶을 에워싼 진실에 대해 끊임없이 생각하라는 것이다. 당신의 삶은 결국 당신의 생각에 달렸기 때문이다.

나는 매사에 당신이 깊이 생각하며 보내는 삶이 불러올 이점들을 충분히 누리기를 바란다. 깊은 생각은 수영장의 바닥과 마찬가지로 당신의 삶을 인생의 수면 위쪽 가장 높은 곳으로 오르게 할 것이다. 스스로에게 약속한 땅에 도달할 때까지 더욱 분발하기를 기대한다.

한 사람의 생각이
이후에 그에게 일어나는
모든 일의 출발점이 된다고 할 때,
누군가 생각의 문을
닫아버리는 모습을 보는 일은
정말이지 안타까운 일이다.

---

망치질을 배우지 못한 사람은 집을 짓지 못한다. 그러기는커녕
기둥 하나 제대로 세우지 못하고, 영원히 자기만의 집을 갖지 못
하게 된다.
당신의 망치는 어디 있고, 언제 어디서부터 못을 박을 것인가?
머지않아 당신은 곧 깨닫게 될 것이다. 망치질은 망치 자체가 아
니라 당신의 손이 하는 일이라는 것을 말이다. 집을 짓는 일은
망치가 아니라 당신의 설계도, 당신의 머리, 당신의 행동에 달렸
다는 사실을 말이다. 결국 당신의 삶은 당신이 하기에 달려 있는
것이다.

당신은 자신의 생각을
스스로 선택할 능력을 타고났다.
그렇다는 것은,
당신의 운명을 스스로 선택할 능력을
타고났다는 얘기이기도 하다.

나는 오늘 새벽 4시에 잠이 깨었는데 다시 잠들지 못했다. 솔직히 당신이 내 마음에 자리하고 있었기 때문이다. 아내가 조용히 숨을 내쉬며 잠을 자는 동안에, 나는 슬며시 침실을 빠져나왔다.

그길로 주방으로 가서 물 한 잔을 들고 뒷문으로 나왔다. 고요한 어둠 속에서 잠시 서 있다가 서재로 향했다. 나는 개인적인 이야기로 이 책의 마지막 장을 마무리하고 싶었다.

**4:30**

서재 창문 밖으로 날이 밝아오고 있다. 동쪽 하늘에서 불그스름한 빛이 드러나고 있다.

**4:35**

하늘이 밝아지기 시작했다. 하늘은 불과 몇 분 전보다 더 많은 색채로 수놓아져 있다. 당신은 그 차이점을 알고 있는지 모르지만, 일출이 일몰보다 훨씬 더 화려하고 가치 있다.

이 책에서 우리가 가치와 희귀성 사이의 관련성을 연결 지었던 걸 기억하는가? 일출은 보기 드문 현상이다. 그만큼 희귀한 일이라는 뜻이다. 내가 이렇게 말하면, 누군가 이렇게 말할지 모르겠다.

"잠깐만요, 일출이나 일몰이나 하루에 한 번 생기는 현상이잖아요? 일출이 일몰보다 더 보기 드문 건 아니에요. 둘 다 발생하는 횟수는 똑같다고요."

**4:38**

일리 있는 말이다. 하지만 나는 일출과 일몰 사이의 차이점을 이렇게 생각한다.

누구나 일몰을 본다. 일몰은 누구나 깨어 있을 때 일어나는 일이기 때문이다. 하루의 끝자락을 향해 가는 시간에 서쪽 하늘을 보라. 그곳에서 우리는 일몰을 본다. 일몰은 하루가 끝나가고 있음을 보여주는 신호지만, 일출만큼 가슴 뜨거운 감흥으로 바라보지는 않는다. 왜 그럴까?

**4:39**

대부분의 사람들이 새로운 하루의 시작을 보려고 일찍 일어나지는 않기 때문에 일출은 보기 드문 현상이다. 그러나 어디서 지금 나와 같이 일출을 보고 있는 사람이 있다면, 그리고 그 사람이 바로 당신이라면 우리는 똑같은 생각을 하고 있다고 믿는다.

**4:41**

마침내 해가 솟았다. 놀랍다……. 온갖 색조와 농도를 뽐내는 빨간색과 자주색으로 이루어진 향연이라니. 지평선에서 반짝이는 푸른색 배경을 바탕으로 흰색과 노란색이 강렬한 분홍색과 함께 소용돌이친다.

지난밤 하늘의 흔적인 어두운 청록색이 서서히 사라지면서, 일출은 이제 새로운 시작을 선포한다. 그러면서 해는 당신의 미래에 존재할 수많은 기회들을 당신에게 상기시켜준다.

이제 완전히 모습을 드러낸 해는 당신에게 이렇게 말한다. 다시 시작이니 힘내라고, 용기를 내라고, 도전하라고, 이제 밖으로 나가 해야 할 일을 하라고. 쓰레기 더미에서 일어선 억만장자 후이젠가는 말하지 않았던가. 남보다 두 배 세 배 더 성공하려면 두 배, 세 배 더 열심히 일해야 한다고.

일부러 일출을 보려고 일어나는 사람은 그리 많지 않다. 지금 당신은 일몰을 바라보는 '대부분의 사람들'에 속하지 않고 일출을 보는 소수에 속한다.

당신이 살아 있는 날 바라보는 모든 일출은 당신에게 전해 줄 똑같은 메시지를 담고 있다. 그렇다. 그것은 지금이 바로 '시작'이라는 메시지다. 일출은 과거가 아닌 미래를 선포한다. 일출은 불확실성이 아닌 확신을 가져다준다. 일출은 결과가 아닌 시작이고, 한계가 아닌 잠재력이다.

**그렇다, 세상의 모든 일출은 당신의 것이다.**

옮긴이 **김은경**

숙명여대에서 영문학, 경영학을 전공하고 성균관대 번역대학원에서 번역학을 전공했다. 현재 전문 번역가로 활동하고 있다. 주요 역서로는《아이만큼 자라는 부모》,《프랑스 아이처럼 핀란드 부모처럼》,《이웃집 여자 백만장자》,《삶이 아름다운 이유》등이 있다.

# 다시 시작하는 사람들을 위한 심리학 수업

| | |
|---|---|
| **신개정판 1쇄 인쇄일** | 2021년 03월 19일 |
| **신개정판 1쇄 발행일** | 2021년 03월 30일 |

| | |
|---|---|
| **지은이** | 앤디 앤드루스 |
| **옮긴이** | 김은경 |
| **발행인** | 이지연 |
| **주간** | 이미숙 |
| **책임편집** | 정윤정 |
| **책임디자인** | 이경진 권지은 |
| **책임마케팅** | 이운섭 신우섭 |
| **경영지원** | 이지연 |

| | |
|---|---|
| **발행처** | ㈜홍익출판미디어그룹 |
| **출판등록번호** | 제 2020-000332 호 |
| **출판등록** | 2020년 12월 07일 |
| **주소** | 서울시 마포구 독막로18길 12, 2층(상수동) |
| **대표전화** | 02-323-0421 |
| **팩스** | 02-337-0569 |
| **메일** | editor@hongikbooks.com |

**ISBN**    979-11-9142-011-1 (03190)

※ 이 책은《수영장의 바닥》의 신개정판입니다.